ANNEMARIE
TRIXNER

UMARME
DEIN
GLÜCK

ANNEMARIE
TRIXNER

UMARME
DEIN
GLÜCK

DER WEG ZU
LEBENSFREUDE,
HARMONIE UND
GESUNDHEIT

mvg Verlag

Die Deutsche Bibliothek – CIP-Einheitsaufnahme

Trixner, Annemarie:
Umarme dein Glück : der Weg zu Lebensfreude, Harmonie und
Gesundheit / Annemarie Trixner. – Sonderausg. – Landsberg ; München :
mvgVerl., 2003
    ISBN 3-478-08356-7

3. Auflage 2000 erschienen unter ISBN 3-478-08834-8

Copyright © 1995 by F. A. Herbig Verlagsbuchhandlung GmbH,
München
Copyright © für die Taschenbuchausgabe 1997 bei mvgVerlag im verlag
moderne industrie AG & Co. KG, Landsberg – München

Umschlaggestaltung: coverdesign uhlig gmbh, Augsburg
Druck- und Bindearbeiten: Ebner & Spiegel Ulm
Printed in Germany 08356/010301
ISBN 3-478-08356-7

Glücklichsein...

Es gibt keine Pflicht des Lebens,
es gibt nur eine Pflicht des Glücklichseins.
Dazu allein sind wir auf der Welt,
und mit aller Moral
und allen Geboten
macht man einander selten glücklich,
weil man sich selbst damit nicht glücklich macht.
Wenn der Mensch gut sein kann,
so kann er es nur,
wenn er glücklich ist,
wenn er Harmonie in sich hat,
also wenn er liebt.
Dies war die Lehre,
die einzige Lehre in der Welt;
dies sagte Jesus,
dies sagte Buddha,
dies sagte Hegel.
Für jeden ist das einzig Wichtige auf der Welt
sein eigenes Innerstes,
seine Seele,
seine Liebesfähigkeit.
Ist die in Ordnung,

so mag man Hirse oder Kuchen essen,
Lumpen oder Juwelen tragen,
dann klang die Welt mit der Seele rein zusammen,
war gut,
war in Ordnung.

Hermann Hesse
(aus seinem Nachlaß)

Inhalt

Warum finden Sie sich mit Ihrem Schicksal ab?

Sind Sie in letzter Zeit einmal durch eine belebte Straße gegangen und haben Sie den Menschen ins Gesicht gesehen? Wie viele heitere, ausgeglichene, glückliche Gesichter kamen Ihnen entgegen? Oder achten Sie überhaupt nicht mehr auf andere Menschen, weil Sie innerlich zu unruhig, sorgenbeladen, von allen möglichen Ängsten geplagt sind? Kurz, weil Sie mit Ihrem eigenen Elend genug zu tun haben.

Natürlich trifft man auf Menschen, die in sich ruhen und ein fröhliches Gemüt ihr eigen nennen. Ich wünsche Ihnen, daß Sie dazu gehören, denn dann brauchen Sie meinen Rat und meine Hilfe nicht. In diesem Falle weiß ich, daß Sie den Weg der Bewußtseinsveränderung bereits gehen, und ich freue mich mit Ihnen.

Dieses Buch ist Wort für Wort aus einem liebevollen Herzen und aus meinem praktischen Wissen und Erleben heraus entstanden. Ihnen allen, die sagen: »Schlechter kann es für mich nicht werden, denn mehr kann ich nicht ertragen«, versichere ich: »Sie können noch mehr ertragen – aber warum tun Sie es?«

Es geht Ihnen miserabel, weil Sie es zulassen. Weil Sie dem Haufen Dreck, in dem Sie stecken, immer wieder ein neues Häufchen hinzufügen, anstatt sich mit Händen und Füßen dagegen zu wehren. Sie werden eine Gabel nehmen und mit dem Mist die Erde um sich herum veredeln, damit aus Mist Dünger wird und ein neues, lebenswertes Dasein entstehen kann! Warum finden Sie sich mit Ihrem Schicksal ab? Sie haben es in Ihrer Hand, besser gesagt, in Ihrer Macht, das »Schicksal«, in das Sie sich »geschickt« haben, zu ändern – zu jeder Zeit und in jedem Alter. Sie sollen zum Schöpfer Ihres neuen, erfüllten Lebens werden. Öffnen Sie Ihre geistigen Grenzen!

Ich schlage Ihnen vor, dieses Buch zuerst einmal ganz durchzulesen. Beginnen Sie erst danach, Kapitel für Kapitel aufmerksam zu studieren, und denken Sie über meine Erfahrungen und meine Vorschläge nach. Können Sie sich damit identifizieren und fühlen Sie keinen allzu großen Widerstand in sich, beginnen Sie mit Ihrer Lebens- beziehungsweise Geistesarbeit, indem Sie einfach das tun, was ich Ihnen empfehle. Wenn Sie wenigstens ein oder zwei meiner Ratschläge konsequent befolgen, dann verspreche ich Ihnen:

Die Saat geht auf!

Nach dem ersten Erfolg werden Sie bestimmt weiter an sich arbeiten. Umgraben, düngen und säen müssen Sie selbst, das kann ich nicht für Sie tun, dafür ernten dann auch Sie, nicht ich. Seien Sie sicher, daß der notwendige Regen zum Wachsen dazukommt, denn Sie haben etwas in Bewegung gesetzt. Zeigen Sie der Schöpfung Ihren guten Willen. Dann wird Ihnen weitergeholfen. Sie erwartet nichts Unmögliches von uns.

Wenn Ihnen dieser bodenständige Vergleich nicht gefällt, können Sie es auch so sehen:

Mixen Sie sich Ihren eigenen Cocktail!

Sie mixen sich Ihren Lebenscocktail selbst – und Sie beginnen gleich jetzt damit! Lernen Sie, ihn so gut zu mixen, daß Sie nach dem ersten Schluck spüren: »Oh, der schmeckt! Von dem genieße ich jetzt Tropfen für Tropfen, und wenn das Glas ausgetrunken ist, versuche ich die nächste kreative Mischung – und genieße wieder!« Sagt Ihnen diese Metapher aus dem modernen Leben mehr zu?

Egal, ob Sie lieber säen oder mixen – ich wünsche mir, daß Sie nach der Lektüre dieses Buches sagen: Ab heute wird alles anders! Ich werde lernen, das Leben als spannendes Abenteuer zu betrachten, voll Mut und Freude allen Herausforderungen begegnen, und ich werde dieses Abenteuer genießen. Falls es mir einmal Angst einjagen sollte, verliere ich nie das sichere Gefühl: Ich habe die Macht und die Möglichkeiten, der kluge Sieger zu werden!

Ich öffne diesem Bewußtsein mein Herz, lasse mich von diesem starken Lebensgefühl durchfluten und erkenne die schöpferische Kraft in mir. Ich werde ab jetzt diese Macht weise – und zu meinem Glück – einsetzen. Ich beginne mich zu verändern und meinen Glücksweg zu gehen!

Gute Reise – auch wenn dieser Weg nicht immer einfach ist. Mögen Sie dabei den Wind in Ihrem Rücken spüren und die Sonne auf Ihrem Gesicht!

Ihre
Annemarie Trixner

1. Kapitel

Im 1. Kapitel lesen Sie,

- meinen Herzenswunsch

- was ich Ihnen rate zu lernen

- wie wichtig innerer Friede und liebevolle Gelassenheit sind

- warum Sie nach dem Prinzip »Qualität ist: gewöhnliche Arbeit ungewöhnlich gut machen« arbeiten sollten

- wie Sie sich, ab jetzt, morgens im Spiegel begrüßen

- was Ihr Bestes ist: »Ihr wahres Selbst entdecken und dadurch Ihre vielen guten Eigenschaften erwecken«

- was der zwischenmenschliche Widerhall ist

- was ein Lächeln und Freundlichkeit bewirken: »Ein freundliches Wort und ein Lächeln entwaffnen selbst deine Feinde.«

- wie und wann Sie helfen können

- daß wir alle Fehler machen, doch: »Das Eingeständnis von Fehlern gehört zu einer starken Persönlichkeit.«

- wie man Gelassenheit bei der Arbeit erreicht
- daß es auf Ihren Standpunkt ankommt
- was Ihr Arbeitsplatz sein kann
- wie wichtig Ihre Einstellung zu Ihrer Arbeit ist
- wie der Ausklang eines Tages sein sollte
- wie Sie es erreichen, als Persönlichkeit behandelt zu werden
- daß Sie Streit nicht brauchen
- warum Sie Ihre Zeit nicht totschlagen sollten

Mein Herzenswunsch

Kennen Sie eigentlich Ihren Herzenswunsch? Es gibt nach meiner Erfahrung drei Grundbedürfnisse, die bei allen ziemlich gleich sind:

> Jeder Mensch braucht Liebe,
> jeder Mensch will gesund sein, und
> jeder Mensch möchte ohne Ängste leben.

Daß jeder von uns spezielle Wünsche hat, wie ein Haus mit zwei Badezimmern, eine Traumfrau mit echt rotem Haar, die super kocht, oder daß Sie endlich auf dem Sessel des Chefs landen wollen, ist in Ordnung. Nur, ob die Erfüllung dieses Wunsches für Sie dann so wunderbar ist, das sollten Sie sich gut überlegen: Zwei Badezimmer machen mehr Arbeit beim Putzen. Die Traumfrau ist vielleicht ein paar Jahre eine Augenweide, von ihrer tollen Küche werden Sie jedoch immer dicker, und eines Tages ist die Verliebtheit vorbei. Dann fällt Ihnen auf: Sie haben die roten Haare und die gute Köchin geheiratet und suchen nun vergeblich nach Herzenswärme und inniger Verbundenheit. Sollten Sie endlich den Chefsessel erobert haben – so ruhig und angenehm, wie Sie vielleicht glauben, sitzt man dort nicht.

Ich hatte ein erfolgreiches, aber kräfteraubendes Leben als Unternehmerin. Ich bezog Prügel vom Leben und fühlte mich oft unverstanden oder ungerecht behandelt. Durch falschen Ehrgeiz arbeitete ich mich krank.

Mein Selbstwertgefühl war trotz sichtbarer Erfolge unterentwickelt, und ich wollte mir und meiner Umgebung beweisen, daß ich »gut« bin. Ich setzte mich also unter Druck und empfand Streß nur mehr negativ. Als ich materiell zwar viel erreicht hatte, aber seelisch an einem Tiefpunkt angelangt war, zwang mich das Schicksal zu einer Ruhepause. Ich bekam einen Bandscheibenvorfall. Eine »höhere Intelligenz« zwang mich zur Ruhe und konfrontierte mich mit meiner bisherigen Lebensweise. Ich bekam Zeit, mir mein Leben anzuschauen. Mit meinem heutigen Wissen bin ich dem Leben für die Botschaft dankbar, denn als ich sie verstand, begann ich endlich, »mich selbst« zu entdecken. Ich begann zu begreifen, daß ich schon planen konnte und doch letztendlich zusehen mußte, wie meine Verstandes-Vorstellungen über den Haufen geworfen wurden.

Das ist jetzt viele Jahre her, und ich habe mich, Schritt für Schritt, geändert. Ich las viel, dachte über mich, meine Mitmenschen und meine Umwelt nach und lernte, nicht mehr anderen die Schuld an meinen Problemen zu geben. Ich hielt Innenschau und wurde weniger wehleidig. Es war nicht einfach und mühelos, und ich mußte immer wieder Rückschläge einstecken und machte neue Fehler. Aber ich habe mein Ziel erreicht und meinen Weg gefunden.

Er muß für Sie nicht der richtige sein. Für mich war er es, und ich gewinne durch meine Erfahrung mit hilfesuchenden Menschen die Überzeugung, daß er für viele begehbar ist.

Was ich Ihnen rate zu lernen

Während dieser Zeit lernte ich, Liebe zu geben und – keinesfalls als Selbstverständlichkeit – dankbar anzunehmen und meinen Körper durch ein vernünftiges Leben und innere Gelassenheit gesunden zu lassen. Alle Arbeit, die ich zu tun hatte, empfand ich nie mehr als minderwertig oder unter meiner Würde. Ich machte nichts mehr mit Widerwillen, Ungeduld oder gegen meine innere Stimme und wußte stets, daß ich dazulerne. So hatte ich viel Freude und Spaß an meiner geschäftlichen Tätigkeit und genoß die Annehmlichkeiten des Erfolges.

Da ich in meinen verschiedenen Berufen immer mit sehr vielen Menschen zu tun hatte, eine gute Beobachterin war und daraus lernte, wurde mir nach jedem »Schicksalsschlag« klarer, daß ich allen Mist in meinem Leben selbst gebaut hatte. Mit der Zeit kapierte ich, daß tatsächlich nur ich in der Lage war, das auch wieder zu ändern.

Nachdem ich viele Jahre durch Lernprozesse gegangen bin – Schlaflosigkeit, ein lahmes Bein nach dem Bandscheibenvorfall, Probleme mit meinen Mitarbeitern, Leid und Elend mit den Menschen, die ich am meisten liebte –, erkannte ich endlich meinen wahren Herzenswunsch, der so schlicht klingt, nicht so ohne weiteres zu erreichen ist und doch die Voraussetzung für Harmonie von Körper, Geist und Seele ist:

Ich wollte innere liebevolle Gelassenheit –
egal, was kommt.

Mein wichtigster Wunsch erfüllte sich: Er ist ein wunderbares Geschenk des Allmächtigen und eine Belohnung für meine »geistige Arbeit«. Ich möchte ihn jedem meiner Mitmenschen empfehlen.

Wenn Sie in sich das unumstößliche Bewußtsein tragen:

Mein innerer Friede
und meine liebevolle Gelassenheit
kann mir durch niemanden und nichts genommen werden!

dann stehen Sie jederzeit alles durch. Sie erkennen »Probleme« als »Lernprozesse« und erreichen das in Ihrem
Leben, was für Sie gut und wichtig ist. Sie werden einer
der Menschen sein, der mit glücklichem Gesicht durch
die Straßen geht. Sie sind heiter und gelassen!
Für mich ist es wichtig, Ihnen diesen Weg zu zeigen. Sie
bekommen in diesem Buch die Hauptstraßen beschrieben und können sich die verwirrenden Abzweigungen
sparen.

Liebevolle Gelassenheit während des Tages

Stimmt Ihr Wunsch mit meinem überein, dann gehen wir
daran, »liebevolle Gelassenheit während des Tages« zu
erlernen. Wollen Sie wissen, warum liebevoll?
Weil Sie als wichtige Lektion lernen, sich selbst zu mögen,
und sofort aufhören werden, sich für unmöglich, dumm,
häßlich, erfolglos und sowieso in jeder Hinsicht für einen
Versager zu halten. Sie dichten sich diese Eigenschaften an
– Sie sind nicht so!
Wenn Sie jeden Tag nach dem Aufstehen in den Spiegel
schauen und halblaut murmeln: »Mein Gott, ich schaue
grauenvoll aus«, dann leisten Sie tolle Mentalarbeit (Gedankenarbeit) – nur in die falsche Richtung!
Das heißt, Sie beginnen Ihren Tag damit, daß Sie wach
werden und sich sagen: Okay, ich stehe zwar noch nicht
gerne auf (vielleicht tun Sie es gerne – um so besser), doch

ich habe heute einen guten Tag vor mir, an dem ich alles, was ich tue, nach folgendem Prinzip mache:

> Qualität ist: gewöhnliche Arbeit
> ungewöhnlich gut zu machen.

Ich weiß, daß Sie hundertmal an diesem ersten Tag in Ihr altes Fahrwasser kommen, aber Sie werden sich während des Tages einige Male an das Qualitätsprinzip erinnern. Schreiben Sie sich diesen Satz auf! Kleben Sie ihn dort hin, wo Sie ihn immer wieder sehen müssen, und Sie werden danach zu handeln beginnen. Die Qualität Ihrer Arbeit wird unweigerlich besser, Sie werden unweigerlich selbstbewußter, Sie werden unweigerlich mehr Anerkennung durch Kollegen und Vorgesetzte finden, und Sie werden sich unweigerlich insgesamt besser fühlen.

Ein neuer Morgen

Wir kommen zum Morgenritual: Sie gehen ins Badezimmer. Schauen Sie ruhig kritisch in den Spiegel! Sagen Sie, ab heute, statt: »Ach Gott, ich kann mich selbst nicht leiden«, zu sich:

> Mein Äußeres ist wandelbar,
> weil ich mich jetzt innerlich verändere.
> Ich bin eine attraktive Frau.
> Ich habe Ausstrahlung.

Sie können auch ganz schlicht sagen: »Ich mag mich, weil ich ein wunderbarer Mensch bin und von Tag zu Tag noch erfolgreicher, attraktiver, liebevoller, gescheiter und vitaler werde!« Oder:

Meine Erscheinung ist wandelbar,
weil ich mich jetzt innerlich und äußerlich
verändere.
Ich bin ein interessanter Mann.
Ich bin sympathisch und erfolgreich.

Sagen Sie Ihrem Spiegelbild, wie Sie gerne wären. Seien Sie nicht bescheiden, denn Sie können wirklich alles aus sich machen. Sie können aus sich »Ihre Traumfrau« oder »Ihren Traummann« machen.

Natürlich werden Sie mit siebzig Jahren nicht wieder zum flotten Dreißiger und mit einer Anlage zur Molligkeit nicht hauchdünn. Aber das sollen Sie auch nicht!

Sie sollen »Sie selbst bleiben« und das Beste aus sich machen.

Ihr Bestes ist:
Ihr wahres Selbst entdecken
und dadurch Ihre vielen guten Eigenschaften
zum Leben erwecken.

Wenn Sie, in der geforderten Weise, liebevoll mit Ihrem Spiegelbild verfahren sind (auch wenn Ihnen anfangs nicht immer danach ist, tun Sie es trotzdem), gehen Sie zum Frühstück, das Sie sich selbst machen oder das auf Sie wartet. Macht es Ihr Partner für Sie, unterlassen Sie ab heute Ihren Grant (Unmut), falls Sie sich wieder einmal den Mund am zu heißen Kaffee verbrannt haben. Sie können vorher kosten – Sie sind alt genug, um daran zu denken. Kein Mensch hat das Recht, seinen Frust – der auf seinem eigenen Mist gewachsen ist – auf einen anderen abzuladen. Auch Sie nicht – also tun Sie es nie wieder. Wenn doch, entschuldigen Sie sich! So gewöhnen Sie sich Rücksichtnahme an. Dieses Verhalten prägt immer besser

Ihr Unterbewußtsein, und schön langsam wird Ihre Umgebung Sie als angenehmen Mitmenschen empfinden.

Wenn Ihr Partner seinen Ärger bei Ihnen abladen möchte, sagen Sie ihm ruhig, aber bestimmt: »Deine schlechte Laune ist das Ergebnis deiner Gedanken und Sichtweise. Ich helfe dir gerne, wenn ich kann und du es möchtest. Aber suche die Schuld dafür nicht bei mir.«

Seien Sie liebevoll, aber so konsequent wie zu sich selbst.

Der zwischenmenschliche Widerhall

Falls Sie Generaldirektor sind, wird Sie Ihr Chauffeur mit dem Wagen abholen. Ansonsten werden Sie mit öffentlichen Verkehrsmitteln, mit Ihrem eigenen Auto oder dem Rad zur Arbeit fahren, oder Sie gehen zu Fuß. Es ist egal, denn nun treffen Sie auf jeden Fall mit anderen Menschen zusammen. Ein Sprichwort sagt: Wie man in den Wald hineinruft, so schallt es zurück! Halten Sie sich daran.

Sie sollten weder Ihrem Chauffeur, noch dem Schaffner, noch dem Menschen, der neben Ihnen in der Straßenbahn sitzt, auch nicht dem Fahrer des Wagens, der an der Kreuzung neben Ihnen zum Stehen kommt, unhöflich begegnen oder ihn anschreien – schon gar nicht wegen einer Kleinigkeit. Selbst wenn der Autofahrer hinter Ihnen auf Sie auffährt und Ihr heiliges Auto beschädigt, bleiben Sie ruhig! Wer gelassen und ruhig bleibt, ist immer in der besseren Position und schont seine Nerven. Die schlimmste Situation wurde noch nie durch Brüllerei besser.

Ich führte während meines Lebens viele heikle geschäftliche Verhandlungen. Oft war meine Meinung das genaue Gegenteil meines Gegenübers. Früher regte ich mich auf, verschwitzte meine Blusen und schuf mir oft Feinde.

Später lernte ich, ruhig zu bleiben, die Meinung des anderen anzuhören und dann meine Darstellung zu geben. Es wurde bekannt, daß man mit mir gut reden konnte, und ich erreichte bessere Ergebnisse als vorher. Meine Nerven und Kleidung schonte ich auch.

Lächeln und Freundlichkeit

Es wird oft gepredigt und geschrieben, man solle alle Menschen lieben. So weit bin ich einfach nicht, und ich denke, ich werde es auch in diesem Leben nicht schaffen. Was ich aber gelernt habe, ist, einen Menschen nicht sofort zu bewerten, sondern ihn zuerst kennenzulernen. Auch wenn mir dies oder das an ihm nicht paßt, nehme ich ihn, wie er ist. Ich bin ebenfalls nicht ohne Fehler und recht froh, wenn man mich dies nicht zu offen spüren läßt. Prägen Sie sich ein:

> Ein freundliches Wort und ein Lächeln
> entwaffnen selbst deine Feinde.

Helfen – wie und wann?

Seien Sie hilfsbereit, aber drängen Sie Ihre Hilfe nicht auf. Ich wollte früher jedem Menschen – in bester Absicht – helfen. Ich missionierte so lange, bis mir die Leute aus dem Weg gingen, weil nicht alles, was für mich gut war, auch für sie in Frage kam. Das war die Zeit, wo ich mich oft zurückgewiesen und verkannt fühlte. Ich verpulverte sinnlos meine Energien und kam abends müde nach Hause.

Als ich krank wurde und zu einer Zeit im Spital liegen mußte, als mein Betrieb gerade total umgebaut wurde, erkannte ich: Ich bin nicht unersetzlich, und ohne meinen persönlichen Einsatz kommt auch etwas Gescheites auf die Welt.

Geben Sie Ihren Arbeitskollegen, Mitarbeitern oder Angestellten das Gefühl, daß Sie hilfsbereit sind, und wenn jemand Ihre Hilfe braucht, dann prüfen Sie, ob Sie helfen können. Trauen Sie sich zu, die richtige Hilfe zu leisten, helfen Sie. Fühlen Sie sich überfordert, sagen Sie es mit liebevollen Worten und lassen Sie die Finger davon. Sie können ruhig sagen: »Ich kann das nicht, weil ich davon zu wenig verstehe« oder: »Ich bin derzeit selbst in einer Situation, in der ich Hilfe brauche«. Niemand wird Ihnen böse sein, wenn Sie so reagieren – es kommt wieder eine Situation, wo Sie bestimmt helfen können.

Es gibt nichts, was Sie mehr zum »Mitmenschen« macht, als für das Leid, die Angst oder den Kummer anderer Gespür und ein offenes Herz zu haben. Denn wenn Sie helfen, sollten Sie das nicht »halbherzig« tun, sondern Sie überlegen, welche Art von Hilfe in diesem Fall angebracht ist. Das richtige Wort – zur rechten Zeit – kann lebensrettend sein.

Wir alle machen Fehler

Wenn man arbeitet, macht man Fehler. Mir ist noch niemand untergekommen, der keine macht. Es ist ein Fehler, statt Salz Zucker in die Suppe zu geben, und es ist ein Fehler, eine Buchung auf die falsche Seite zu machen. Es ist ein riesiger Fehler, sich ausnützen oder für dumm verkaufen zu lassen. Der größte Fehler ist es aber, zu seinen Fehlern nicht zu stehen – oder diese gar auf andere abzuwälzen. Nehmen Sie in Ihr Bewußtsein die Einsicht auf:

> Das Eingeständnis von Fehlern gehört zu einer
> starken Persönlichkeit.

Gelassenheit bei der Arbeit

Wenn ich von der »inneren liebevollen Gelassenheit« am Arbeitsplatz spreche, so gilt das natürlich auch für Sie, die oder der Sie Hausfrau/mann sind und zumeist noch hauptverantwortlich für die Erziehung der Kinder.

Ich weiß, daß das Führen eines Haushalts eine undankbare Sache ist, denn man wäscht, putzt, kocht, dann kommen die Kinder und der Mann nach Hause, rufen »Hunger!« und essen. Damit ist die schön aufgeräumte Wohnung wieder ein Chaos.

Wenn alle Familienmitglieder zu Hause sind, liegen zig Kleidungsstücke und Schuhe herum, der Boden ist wieder voller Brösel, und Sie können von vorne beginnen mit dem Waschen, Putzen . . . und so weiter.

Wenn Sie halb zusammenbrechen und Ihre Familie erstaunt sagt: »Wieso bist du so gestreßt, du bist den ganzen Tag zu Hause«, dann bricht die eine Hälfte der Betroffenen in Tränen aus und die andere schreit los. Der Mann und die Kinder sind verstört, verstehen Sie eigentlich nicht. Sie selbst sind unglücklich und fühlen sich unverstanden, und der restliche Tag oder Abend ist zum Vergessen.

Kommt noch dazu, daß der Sohn dem Vater abends seine verpatzte Schularbeit zur Unterschrift vorlegen muß, und Ihr Mann sagt: »Deine Lernerei mit dem Hansi war für die

Katz«, obwohl Sie sich jeden Tag mit dem Buben blöd-rechneten. An so einem Tag haben Sie sicher oft sehnsüchtig an ein »Singledasein« gedacht. Doch glauben Sie mir, der beneidete »Single« hat, an einem einsamen Sonntag, wenn er im Bett bleibt, nur damit der Tag nicht so lange dauert, genauso oft sehnsüchtig an eine Familie mit drei Kindern gedacht, in der es so zugeht, daß der Mutter zwölf Stunden wie zwei Stunden vorkommen.

Es kommt auf Ihren Standpunkt an

Für die Hausfrau gilt, meiner Meinung nach, das gleiche Prinzip wie beispielsweise für einen Schuldirektor:

> Jede Arbeit, auch gewöhnliche,
> ungewöhnlich gut machen!

Das heißt, planen Sie Ihren Tag – mit einem Stundenplan. Delegieren Sie Arbeiten, und erziehen Sie Ihre Familienmitglieder dazu, gewisse Dinge selbst zu erledigen und nicht Sie als selbstverständlichen »Servicedienst« für alle Belange zu betrachten.

Lernen Sie begreifen, daß Ihre Arbeit genauso wertvoll und manchmal genauso eintönig ist wie die eines Bankdirektors oder einer Politikerin. Wenn die zwei nicht planen und Arbeit richtig delegieren können, dann sind diese Menschen genauso frustriert und überfordert wie Sie.

Auch für mich gab es eine Zeit, während der ich ein kleines Kind, einen Mann und zwei Betriebe hatte. Ich zerriß mich, weil ich glaubte, »so gut wie ich kann es kein anderer«. Ich schrieb abends noch Briefe, die meine Angestellten geschrieben hatten und mit deren Form ich nicht einverstanden war, heimlich um. Am liebsten hätte ich noch die Briefmarken selbst abgeschleckt und aufgeklebt, damit sie schön genau am Kuvert saßen.

Ich war damals nicht in der Lage ruhig und gelassen zu einer Angestellten zu sagen: »Jeder Brief ist eine Visitenkarte unserer Firma. Sie wissen, wie sehr ich Ihren netten Umgang mit unseren Kunden schätze, aber bei der Korrespondenz hapert es. Ich hätte ›das und das‹ gerne ›so und so‹. Doch ich bin sicher, Ihr nächster Brief schaut schon ganz anders aus.«

Ich ärgerte mich: 1. über den schlampigen Brief, 2. über meine eigene Feigheit und 3. über meine viele Arbeit – und besser wurde dabei gar nichts.

Ich hörte nicht auf meine Familie, die oft sagte: »Du kannst nicht alles alleine machen. Du bist sehr tüchtig, aber organisieren und delegieren kannst du nicht.« Ich wollte nicht hören, darum habe ich eine harte Lektion lernen müssen.

Wenn ich mich ins Bett legte, ging es erst richtig los: alle meine unfertigen Arbeiten, meine finanziellen Probleme, meine Unannehmlichkeiten mit Geschäftspartnern, Mitarbeitern, die Schulprobleme meines Sohnes, die Gesundheitsprobleme meines Mannes, meine vermeintlichen Unzulänglichkeiten und meine Überlastung ... Es gab Stoff für mein Gehirn von 23 Uhr nachts bis 6 Uhr früh. Dann stand ich auf, völlig fertig, bekam einen Schweißausbruch nach dem anderen und hatte wieder eine schlaflose Nacht hinter mir. Jede Woche gönnte ich mir zwei Nächte mit Schlaftabletten – zum Durchhalten. Daß ich diesen idiotischen Raubbau viele Jahre durchhielt, kann nur auf mein an und für sich robustes Naturell zurückzuführen sein. Auch Schlafkuren halfen mir nicht lange, denn wenn sich mein Körper ein wenig regeneriert hatte, trieb ich mein unseliges Spiel weiter.

Treiben Sie es auch so? Beachten Sie die Zeichen, die der liebe Gott Ihnen schickt, wie Kreuzschmerzen, Kopfweh, Schlaflosigkeit, hie und da eine kleine Grippe (um nur die gängigsten Unpäßlichkeiten zu nennen), ebenfalls nicht, weil Sie keine Zeit dazu haben, innezuhalten und über Ihr Leben nachzudenken? Einmal »in die Stille zu gehen«?

Still zu werden ist eines der ganz wichtigen Dinge, die Sie lernen können, um Ihrem Leben eine andere Qualität zu geben. Ich gehe im nächsten Kapitel sehr ausführlich, mit meinen praktischen Übungen, Anleitungen und Erfahrungen, darauf ein.

Was Ihr Arbeitsplatz sein kann

An Ihrem Arbeitsplatz verbringen Sie einen Großteil Ihres Lebens (das hoffe ich zumindest für Sie, denn keinen Arbeitsplatz zu haben, ist sehr schlimm). Das ist der Ort, wo Sie sich krankarbeiten können, wo Sie sich vielleicht überfordert fühlen, falsch am Platz sind, wo Ihre Fähigkeiten zu gering geschätzt werden, wo auf jeden Fall ein Tummelplatz geistig und körperlich krankmachender Faktoren ist – aber das muß keinesfalls so sein.

Ob Ihre Arbeitsstätte eine Bank, eine Fabrik, ein Großbetrieb oder der Haushalt ist, ob Ihr Sessel in einem Ministerium steht oder ob Sie Chef, Angestellter, Arbeiter, Hausfrau oder Handwerker sind – versuchen Sie es, probeweise:

Arbeiten Sie einen Tag nach dem Qualitätsprinzip!

Machen Sie jede Arbeit ohne Hektik und ohne Widerwillen. Sehen Sie in Ihrer Arbeit, die Sie derzeit machen, den

Nutzen, den sie bringt, und arbeiten Sie daher mit voller Konzentration und ungewöhnlich gut.

Wie ist Ihre Einstellung?

Wenn Sie, ohne zu überlegen, jetzt meinen: »Bin ich wahnsinnig, ich mache doch dadurch meinen Chef nur noch reicher und mich noch kaputter!«, dann lesen Sie den vorigen Absatz so lange durch, bis Sie erkennen, daß Sie sich mit Ihrer Einstellung – gestatten Sie mir den Ausdruck – einen Scheiß-Arbeitsplatz geschaffen haben. Ihr Chef oder das Unternehmen, in dem Sie beschäftigt sind, sind durch Sie bestimmt nicht zu Reichtum gekommen. Es besteht jedoch die Möglichkeit, daß Sie durch diese Einstellung um Ihren Arbeitsplatz kommen.

Ich bemühte mich um meine Mitarbeiter, die mir unentbehrlich waren, immer sehr, weil ich sie als wichtige Stütze schätzte. Wenn ich jedoch merkte, da sitzt jemand, der einfach nicht mag, dem ich und meine Kunden das »Angefressensein« ganz deutlich vom Gesicht ablesen konnten, dann führte ich mit demjenigen ein Gespräch. Ich erzählte ihm, wie ich seine Arbeit gerne hätte. Er oder sie verrieten mir oft Gründe für seinen/ihren Seelenzustand, die zutiefst menschlich waren, wo sich mein Herz vor Mitleid zusammenzog, und ich verstand, warum die Arbeitsleistung nicht in Ordnung war. Wir haben dann gemeinsam einen Plan entwickelt, wie dieser Mitarbeiter seine »Pflichten« zu »Erfüllungen« umwandeln konnte, und ich versuchte, ihm bei seinen Sorgen zu helfen. Dafür bemühte er sich, besser oder konzentrierter zu arbeiten. Daß von einem Tag auf den anderen ein Wunder geschieht, erwartete ich nie. Dabei beobachtete ich oft, wie sich ein Mensch durch die Einstellung zu seiner Arbeit in seinem ganzen Wesen änderte, wie gut die Qualität seiner Leistung wurde und wie stolz er darauf war. Deshalb plagte er sich nicht mehr, und ich fühlte mich nie als Sklaventreiber.

Im Laufe meiner geschäftlichen Tätigkeit hatte ich sehr viele Mitarbeiter. Ich freue mich sehr, wenn ich heute einen treffe. Werde ich dann noch als »Chefin« angesprochen, entgegne ich: »Ich bin doch jetzt keine Chefin mehr für dich oder Sie.« Natürlich ist es schön, wenn ich zur Antwort bekomme: »So einen Boß hatte ich nie mehr, daher bleiben Sie immer ›die Chefin‹ für mich.« Das ist wohl die Bestätigung, daß ich mit Mitarbeitern richtig umgehen lernte. Ich empfand sie als meine »Stützen«, die mit mir gemeinsam etwas schafften. Wenn jedoch ein Mitarbeiter seine Gangart beziehungsweise seine Einstellung nicht ändern wollte oder konnte, sei es, weil er tatsächlich am falschen Platz eingesetzt oder einfach uninteressiert war, trennten wir uns.

Ich habe gelernt, meinen Angestellten sehr viel Verantwortung zu übertragen, und fast jeder wuchs mit der Aufgabe. Ich war auf meine Mitarbeiter stolz, und ich glaube, sie waren es auch auf mich.

Als ich an mir zu arbeiten begann, wurden meine Arbeitstage sehr schön und harmonisch – sie wurden zu einer Zeit, die ich nicht missen möchte und während der keiner meiner Mitarbeiter unglücklich an seinem Arbeitsplatz war. Meine zum Großteil langjährigen Mitarbeiterinnen und Mitarbeiter lehrten mich viel. Beruflich und privat. Ich bin Ihnen dankbar. Es gibt nichts Besseres für einen Betrieb als Teamgeist, der von gegenseitigem Respekt und Verständnis geprägt ist. Ich glaube, das ist ein Geheimnis erfolgreicher Unternehmen.

Vielleicht verstehen Sie jetzt den Sinn des Wortes
Arbeitsqualität.

Überdies können Sie nur auf eine Verbesserung Ihrer
Stellung und Ihrer Bezahlung hoffen, wenn Sie selbst besser werden. Probieren Sie doch einen Qualitätsmonat aus.

Egal, was Sie zu tun haben –
machen Sie Ihre Arbeit ungewöhnlich gut
und seien Sie zu Ihren Kollegen, Mitarbeitern
und Kunden
stets liebevoll und gelassen.

Seien Sie aber auch als Hausfrau mit der gleichen Einstellung bei Ihrer Arbeit. Erkennen Sie den Nutzen Ihrer
Fürsorge und Liebe für Ihre Familie. Sie werden Ihre Arbeit
in einem ganz anderen Licht sehen. Sie sind Chef in Ihrem
Haushalt – also verhalten Sie sich auch so. Machen Sie die
Hausarbeit und Kindererziehung qualitätsbewußt – aber
lassen Sie sich nicht »zum Esel machen, der Säcke tragen
muß«! Fangen Sie gleich heute an, Ihren Haushalt neu zu
organisieren. Machen Sie sich einen schriftlichen Plan,
was, wann und wie Ihre Arbeit anders gemacht wird.
Planen Sie Pausen für sich ein – Ihre Familie wird Sie neu
entdecken. Sie werden erleben, daß Ihre Familienmitglieder ohne Murren gewisse Tätigkeiten übernehmen, denn
dafür werden Sie eine liebevolle und gelassene Ehefrau
und Mutter haben, die sie beim Nach-Hause-Kommen gut
aufgelegt empfängt.
Damit hätten wir den Übergang vom Tag, den Sie –
vielleicht zum ersten Mal – mit ungewöhnlich guter Arbeit
verbrachten, zum Abend geschafft. Selbst wenn Sie sich
immer wieder dabei erwischt haben, daß Sie mürrisch,
unkonzentriert, launenhaft, oberflächlich und selbstsüch-

tig waren – Sie werden mit jedem Tag besser und damit Ihr Leben viel gehaltvoller. Sie sind auf dem Weg der Persönlichkeitsbildung!

Der Ausklang eines Tages

Viele Leute gehen nach der Arbeit nicht gleich nach Hause. Sie besuchen Abendseminare zur Weiterbildung, Hobbykurse, haben ein Treffen oder machen noch einen kleinen Umweg, um frische Luft zu schnappen. Es kommt darauf an, ob Sie zu Hause von Ihrer Familie erwartet werden, ob Sie alleine leben und unabhängig sind, ob Sie gerne zu Ihrer Familie heimkehren oder ungerne. Und, falls Sie alleine leben, ob Sie Ihre Freizeit sinnvoll verbringen.

Was für den Hinweg zur Arbeit galt – denken Sie auch auf dem Heimweg daran! Fahren Sie nicht gleich aus der Haut, wenn Ihnen jemand in der U-Bahn auf die Zehen tritt. Daß überfüllte Verkehrsmittel nicht zum Angenehmsten im Leben gehören, weiß ich. Aber wenn Sie einen guten Arbeitstag hinter sich gebracht haben, dann rufen Sie sich ins Gedächtnis, daß Sie sich nur den Rest des Tages zerstören, wenn Sie sich durch die Hektik der anderen und das Gedränge im Waggon beirren lassen. Der Abend kann noch sehr schön und harmonisch werden.

Na und, stehen Sie halt gedrängt! Schlechte Laune zaubert nicht mehr Platz. Nehmen Sie es gelassen hin. Denken Sie beispielsweise darüber nach, was Sie bei Ihrer Arbeit verbessern könnten oder wohin Sie heute abend mit Ihrer Frau wollen, daß Sie mit den Kindern noch ein Schiff basteln werden oder was Sie Ihrer Freundin sagen müssen. Besser noch: Schalten Sie Ihre Umwelt ab und gehen Sie nach innen – Sie werden durch dieses Buch »abschalten« lernen und unangenehme Zeitspannen für Mentalarbeit (Gedankenarbeit zur Wunscherfüllung) benützen.

Beim Autofahren müssen Sie das Mentaltraining unterlassen. Sie sollten rücksichtsvoll und konzentriert sein und sich und den anderen Verkehrsteilnehmern Gefahren und Nerven sparen helfen. Mit dem Rad unterwegs zu sein – falls bei Ihnen möglich – ist während der warmen Jahreszeit wunderschön und ein ideales Kreislauftraining; das gilt auch für das Gehen.

Wenn Sie einen guten Arbeitstag, an dem Sie in jeder Situation innerlich liebevoll und gelassen geblieben sind, hinter sich haben, werden Sie vielleicht müde sein, aber Sie haben keine schlechte Laune. Falls Sie diese haben, sind Sie – nur Sie selbst! – daran schuld. Sie sind dann nicht »innerlich gelassen« geblieben, als Ihr Kollege Sie ungerecht angeschnauzt hat. Wahrscheinlich sind Ihnen auch die Sicherungen durchgebrannt, und Sie haben es ihm/ihr mit gleicher Münze zurückgezahlt.

Es gibt zu viele »Michael Kohlhaas« auf dieser Welt, die stets nach dem Motto handeln: Nur keinen Streit vermeiden! Gehören Sie zu dieser Sorte und glauben Sie, daß Sie sich dadurch die Hochachtung oder den Respekt Ihrer Umgebung zuziehen? Wenn Sie wirklich dieser Meinung sind, sollten Sie einmal Ihre Freunde zählen! Haben Sie welche?

Wie wollen Sie behandelt werden?

»Muß ich mir eine ungerechte Behandlung gefallen lassen?«

Nein, müssen Sie nicht! Sie sollen Ihrem Chef, Ihrem

Kollegen, Ihrem Mann oder Ihrer Frau, auch Ihren Kindern und allen anderen Mitmenschen sachlich und gelassen begegnen, wenn Sie ungerecht angegriffen werden.

Sie können das durch mein Buch lernen. Wenn Sie es konsequent anwenden, wird Sie bald niemand mehr anschnauzen – denn jeder wird inzwischen bemerkt haben, daß Sie ein anderer Mensch werden. Sie entwickeln sich zu einer Persönlichkeit, und die schnauzt man nicht einfach an.

Daher ergibt es sich von selbst, daß Sie Ihre Wohnung nicht als Löwe betreten, der gleich losbrüllt, sondern als Ehemann und Vater oder als angenehmer Partner, der nach einer netten Begrüßung sehr wohl sagen kann: »Laß (laßt) mich jetzt fünfzehn Minuten ruhig sitzen, ich bin müde. Dann können wir essen oder uns unterhalten.«

Ruhen Sie während dieser fünfzehn Minuten durch »inneres Still-werden« (siehe 2. Kapitel), und dann sind Sie da! Sie sind danach ein aufmerksamer Zuhörer für Ihre Familie oder Ihren Partner.

Erklären Sie Ihren Lieben an einem der nächsten Tage, wie Sie sich einen schönen Familienabend oder einen gemütlichen Abend mit Ihrem Partner vorstellen – aber lassen Sie auch Ihre Frau und die Kinder beziehungsweise Ihren Mann und die Kinder (oder Ihren Partner) ihre Vorstellung von einem angenehmen Abend einbringen. Gemeinsam finden Sie zur Ideallösung. Üben Sie Rücksicht – dann wird auch Ihr Gegenüber Rücksicht üben. Sind Sie liebevoll und höflich, wird es auch Ihr Gegenüber sein.

Eines der geistigen Gesetze ist das Gesetz der Resonanz. Verstehen Sie den Sinn kosmischer oder göttlicher Ordnung, dann erkennen Sie, daß »Gleiches Gleiches anzieht und durch Gleiches verstärkt wird«. Durch unser Verhalten schaffen wir die Verhältnisse, in denen wir dann zu leben haben.

Brauchen Sie Streit?

Wer nicht streitet,
mit dem kann niemand in der Welt streiten.

Setzen Sie für »streiten« ein anderes Wort ein – die Aussage wird immer stimmen. Es gibt zwar große Befürworter eines heißen Streites zur seelischen und körperlichen Entladung. Das mag für manche Menschen notwendig sein. Ich brauche keinen Streit, um meine andersgeartete Meinung kundzutun. Ich kann mich seelisch besser durch innerliches Still-sein und körperlich durch Sport entladen. Es gibt sicher viele Wege, Dampf abzulassen. Das kann durch ein Gespräch sein, durch Sex, durch Weinen, dadurch, daß Sie Ihre schönste Vase gegen die Tür werfen – um nur einige Möglichkeiten zu nennen.

Ich halte Streit für die schlechteste Methode, wenn Sie bedenken, daß Ihnen beim Streiten leicht ein Wort entschlüpfen kann, welches Wunden schlägt, die nur sehr langsam heilen. Nützen Sie Ihren Dampf, um eine Runde zu laufen. Das tut Ihrem Kreislauf gut, und lassen Sie Ihre Seele einmal die Wohltat der Stille genießen.

Lernen Sie, erst einmal genau auf die Worte Ihres Gegenübers zu hören, dann darüber nachzudenken, wie er es wirklich meint, und versuchen Sie sich in seine Lage zu versetzen. Wenn Sie jetzt noch immer der Meinung sind: »Mir wird Unrecht getan«, dann versuchen Sie angemessen zu reagieren. Das wird Ihnen den Respekt und die Hochachtung Ihrer Umwelt eintragen, und so können Sie wieder ein Stück Persönlichkeit gewinnen.

Persönlichkeit sollten Sie niemals mit der Maske verwechseln, die Sie durch Erziehung und Umwelt zu tragen gelernt haben. Mit Persönlichkeit meine ich »Ihr wahres Wesen«, Ihr Selbst.

Zu wenig oder zuviel Zeit?

Wenn Sie alleinstehend sind, dann seien Sie besonders liebevoll zu sich. Sehen Sie Ihre Freizeit nicht als Zeit an, die man totschlagen muß – sonst schlägt die Zeit Ihre Seele tot!
Gestalten Sie Ihre Wohnung gemütlich – und suchen Sie sich ein Hobby, das Sie erfüllt und Ihre Zeit sinnvoll »im Fluge« vergehen läßt. Wenn Ihnen dauernd fad ist und Sie nichts mit sich anzufangen wissen, gehören Sie zu den Menschen, die das 7. Kapitel »Eigene Anlagen erkennen und sie richtig einsetzen« sehr aufmerksam lesen sollten. Merken Sie sich:

Zeit ist ein wundervolles Geschenk,
das nicht unendlich währt!

Ich möchte in diesem Kapitel des Buches nicht zu ausführlich auf den Abend eingehen, denn das, was ich Sie für Ihr weiteres Leben lehren möchte, um Ihr Leben positiv zu verändern, werden viele abends üben und praktizieren. Es beginnt im 2. Kapitel.
»Abend« bedeutet für die meisten von uns »Freizeit«. Sie brauchen davon täglich eine halbe Stunde, um meinen Weg zu gehen.
Ich weiß, daß eine Hausfrau und Mutter am Abend noch sehr lange beschäftigt ist. Sie sollten sich aber Ihre halbe Stunde des Tages auf jeden Fall nehmen, dann eben zu einem anderen Zeitpunkt. Wenn Sie sagen, »während des ganzen Tages habe ich keine halbe Stunde Zeit für mich«, dann ist Ihr Leben so grundfalsch eingeteilt, daß Sie erst recht schnell daran gehen müssen, es zu ändern.
Für den ersten Tag genügt es, sich immer wieder – und bei jeder Gelegenheit – ins Gedächtnis zu rufen:

Ich mache ab jetzt jede Arbeit,
sei sie auch noch so gewöhnlich,
ungewöhnlich gut.

Ich bleibe in jeder Situation
innerlich liebevoll und gelassen –
zu mir und zu jedem meiner Mitmenschen.

Probieren Sie heute einmal, vielleicht zum ersten Mal, nicht bis in die späten Nachtstunden wie ein Pferd zu arbeiten oder sich nicht vom Fernseher wahllos mit jeder Sendung berieseln zu lassen oder den Abend nicht mit Menschen, die Ihnen eigentlich nichts bedeuten, in einem Lokal zu verbringen.

Ich empfehle Ihnen: Verbringen Sie den Abend so, daß Sie seinen Ausklang als angenehm empfinden, und beenden Sie diesen Tag – heute – eine halbe Stunde früher. Sie brauchen diese Zeit – ab morgen – täglich zum Üben.

Überdenken Sie entweder Ihren Tagesablauf, oder lesen Sie dieses Kapitel noch einmal.

2. Kapitel

Im 2. Kapitel lesen Sie,

- daß Still-werden bedeutet: »Körper, Geist und Seele zu beruhigen«

- wie sich innere Ruhe auswirkt

- was die Technik des »Still-werdens« ist

- wie und wo Sie zur Ruhe kommen

- über die Atmung

- daß es eine richtige Art zu atmen gibt

- daß richtiges Atmen geübt sein will

- daß Atemkonzentration die Vorstufe der Gedankenkontrolle ist

- wie Sie die Wanderung durch meine Farbenlandschaft machen

- warum Sie sich einen geistigen Lieblingsplatz suchen

- wie wichtig Licht ist

- daß Sie täglich meditative Übungen machen sollten

»Still-werden«

Auf die Frage: Was bringt es dir, »innerlich still zu werden?«, antworte ich:

> »Für mich bedeutet ›Still-werden‹,
> meinen Körper, meinen Geist und meine Seele
> zu beruhigen.«

Nachdem ich einige Möglichkeiten, durch Meditation ruhig zu werden, durchprobiert hatte, fand ich meine ganz spezielle Version. Ich nahm verschiedene Meditationstechniken als Anregung und wurde dann für mich kreativ. Mit meiner eigenen Vorgangsweise erreiche ich es am schnellsten, meinen unruhigen Geist zur Ruhe zu bringen. Seit ich die Wohltat der »Stille« erkannt habe, lasse ich keinen Tag ohne meine innere Erholung vergehen. Ich halte mir, nun schon über einige Jahre hinweg, eine halbe Stunde des Tages frei, und sie ist mir kostbar und wichtig geworden. Ich freue mich jeden Tag darauf.

Wenn Sie voller Hektik nach Hause kommen, innerlich unruhig, traurig, unkonzentriert sind, oder wenn Sie sich über etwas sehr aufgeregt haben – dann werden Sie die Gewißheit schätzen lernen: Jetzt kommt sehr rasch meine innere Ruhe und Gelassenheit zurück.

Jeder, der eine Zeitlang durchhielt, blieb dabei – und es wird auch Ihnen selbstverständlicher und wichtiger werden als das Zähneputzen. Aber dafür bleibt Ihnen bestimmt auch genug Zeit.

Ich verwende ungern das Wort Meditation, denn jeder wird dieses innerliche Ruhen anders erleben. Dennoch ist es »eine Art der Meditation«. Wenn Ihnen meine Technik nicht behagt, suchen Sie sich eine andere. Lassen Sie sich in einer Fachbuchhandlung beraten, und kaufen Sie sich ein Buch über Meditation. Machen Sie es sich keinesfalls zu kompliziert – es soll einfach und angenehm für Sie sein, ohne daß Sie sich anfangs tausend Dinge merken müssen. Sie können sich auch Kassetten kaufen. Ich finde es schön, diese innerlichste Zeit meines Tages selbst zu gestalten.

Wie wirkt sich innerliche Ruhe aus?

Abschalten, den Körper und damit alle Organe beruhigen, die Seele baumeln lassen, in Phantasien schwelgen oder später, während der »tiefen Ruhe«, Ihr Leben positiv zu gestalten, sich innerlich aufzubauen, bringt auch vom medizinischen Standpunkt aus gesehen viel. Der Blutdruck sinkt, die Pulsfrequenz wird reduziert, die Blutgefäße werden wieder erweitert und die körpereigenen Abwehrkräfte gestärkt. Sie schalten Ihren Körper für einige Zeit innerlich und äußerlich auf Schongang.

Sie können träumen und tun in Ihrer Stille, was Sie wollen – niemand hört und sieht etwas. Sie können sich Ihr privates Paradies schaffen. Es kostet nichts, außer am Anfang ein wenig Durchhaltevermögen und daß Sie sich entweder mit meiner Technik des »Still-werdens« – die ich Ihnen sehr genau beschreiben werde – oder mit einer anderen Art der Meditation so vertraut machen, daß Sie locker und gelöst an die ersten Sitzungen herangehen können. Gestatten Sie Ihrem Körper und Ihrem Geist, keine Leistung erbringen zu müssen. Warten Sie nicht darauf, daß Sie sofort in einem Meer der Ruhe versinken werden – lassen Sie geschehen, was geschieht!

Die Technik des »Still-werdens«

Meine Zeit ist nach dem Mittagessen. Früher konnte ich immer nur abends meine halbe Stunde genießen. Wenn es möglich ist, halten Sie anfangs ungefähr den gleichen Zeitpunkt ein, denn der Mensch ist ein Gewohnheitstier. Es funktioniert früher mit der »Stille«, wenn Sie jeden Abend um circa 22 Uhr üben oder jeden Tag um 13 Uhr. Die Tageszeit ist nicht wichtig – eine gewisse Regelmäßigkeit sollte sich einstellen.

Suchen Sie sich einen Raum und eine Zeit, wo Sie während dieser halben Stunde nicht gestört werden. Meine Familie kennt diese Zeit, und ich gehe dann nicht ans Telefon, und Besucher müssen warten. Natürlich kann es eine Nachricht oder einen Grund geben, weswegen man mich herausholt, aber normalerweise sage ich: »Selbst wenn der Kaiser von China kommt, ich bin nicht zu sprechen!«

Mein Sohn und mein Mann entspannen sich auf ähnliche Weise. So nimmt jeder auf den anderen Rücksicht. Früher sprang ich bei jedem Läuten des Telefons auf und hastete zum Apparat. Heute nehme ich mir die Freiheit (wenn ich alleine zu Hause bin), nicht abzuheben. Es gibt, falls Sie es möchten, Anrufbeantworter. Damit können Sie Wichtiges und Unwichtiges später abhören.

Ich verbreite mich deshalb so lange über die Ungestörtheit, weil es wichtig ist, von Anfang an klarzustellen, daß dies die Zeit »der absoluten Stille« ist – in jeder Hinsicht!

Machen Sie sich selbst und Ihrer Umgebung klar, daß es Ihnen ernst damit ist, Ruhe, Gelassenheit und Einkehr durch Versenkung in sich selbst zu erlangen. Lassen Sie sich nicht stören!

Wie und wo?

Prinzipiell können Sie sowohl liegen (die Wirbelsäule muß dann aber gerade aufliegen) als auch sitzen. Da ich noch nie einen Yogi (zu dem Sie natürlich nicht werden müssen) liegend abgebildet sah, habe ich mich von Anfang an zum Sitzen entschlossen. Wichtig ist es, so zu sitzen, daß Ihre Füße angenehm auf dem Boden stehen und nicht in der Gegend herumbaumeln. Umgekehrt sollten Sie auch nicht so niedrig sitzen, daß Sie die Knie im Gesicht haben.

Ich sitze aufrecht auf einer festen Bank, hatte anfangs ein kleines Kissen hinter der Lendenwirbelsäule, lege die Hände mit nach oben zeigenden Handflächen auf die Oberschenkel und schließe die Augen. Wenn es Ihnen angenehm ist, können Sie auch mit untergeschlagenen Beinen, im Türkensitz oder im Lotussitz, still werden.

Bei Erscheinen dieses Buches habe ich einen wundervollen Sessel zur Verfügung, der fernöstliche Meditationshaltung und westliche Sitzkultur in harmonischer Art verbindet. Er bringt den Menschen in die optimale Sitzhaltung und zentriert wirklich Körper, Geist und Seele. Sein Name ist »Bell Chair«, weil er, weit über seinen therapeutischen Effekt hinaus, im Körper etwas zum Klingen bringt.

Die Atmung

Nun beginne ich durch die Nase einzuatmen (als ob Sie an einer Blume riechen würden) und lasse dieser Luft Zeit, sich in meinem ganzen Körper auszubreiten.

Dann atme ich durch den Mund aus. Beim Ausatmen strömt die Luft langsam und so lange aus mir heraus, bis keine mehr da ist.

Ich konzentriere mich vollkommen –
nur auf meine Atmung!

Dann folgt wieder das Einatmen durch die Nase, ich lasse die Luft meinen Körper ausfüllen – und atme durch den Mund langsam wieder aus. Wenn Ihnen danach ist, machen Sie die ersten Atemzüge so tief und stark wie eine Lokomotive – damit lassen Sie »Dampf« ab. Nach einigen kräftigen Zügen wird sich Ihr Atem beruhigen.

Wenn Sie einatmen, hebt sich Ihr Oberkörper vom Unterkörper ein wenig hoch, das heißt, Sie atmen weder nur in den Oberkörper ein noch nur in den Unterkörper.

Sie atmen durch die Nase ein –
in den Oberkörper und Unterkörper gleichzeitig.

Das klingt entsetzlich verwirrend, ich weiß. Es braucht nicht sofort so gemacht werden, aber wenn Sie dieses Atmen separat üben (weil es eine sehr gesunde Art zu atmen ist), dann kommen Sie darauf, daß es ganz einfach ist.

Alles, was ich Ihnen empfehle, sollte Ihnen angenehm sein, d. h. Sie sollten sich wohl dabei fühlen. Wenn Sie sich nicht auf das Einatmen, sondern nur auf das Ausatmen konzentrieren, machen Sie es auch sehr gut.

Lernen Sie richtige Atmung

Natürlich gibt es viele Arten, richtig Luft zu schöpfen. Ich erkläre Ihnen damit auch nur eine der vielen Möglichkeiten, Ihrem Körper ausreichend Sauerstoff zuzuführen und durch diese Beobachtung still zu werden. Um diese Atmung leichter zu erlernen, habe ich folgende Übungen für Sie:

Probieren Sie, einige Male nur in den Oberkörper einzuatmen – und beobachten Sie, wie das ist.

Dann atmen Sie einige Male nur in den Unterkörper ein – beobachten Sie wieder, wie das ist.

Die dritte Übung ist, daß Sie sich vorstellen, gleichzeitig in den Oberkörper und Unterkörper diese Luft einzuatmen, wodurch sich automatisch das Aufrichten des Körpers ergibt.

> Bleiben Sie bei Ihrem Atem –
> konzentrieren Sie sich nur auf dieses
> Einatmen – Fallenlassen – Ausatmen.

Zählen Sie nicht mit, sondern tun Sie es so lange, bis Sie merken, jetzt läuft der Atem ruhig und wie von selbst – bis Sie quasi »beatmet werden«.

Wenn sich Ihr Atem beruhigt hat und von selbst fließt, werden Sie wahrscheinlich auch durch die Nase wieder ausatmen. Tun Sie es so, wie es sich ergibt und angenehm ist. Nur bei den ersten paar Atemzügen werden Sie die Luft durch den Mund ausblasen.

Sie haben hoffentlich keinen Wecker gestellt, der nach dreißig Minuten klingelt! Was Sie hier lernen, ist an keine fixe Zeit gebunden, soll Labsal für Sie werden und ist kein Leistungssport!

Anfangs können Sie nur den Atem beobachten, und wenn

Sie möchten, nach einiger Zeit (zehn Minuten genügen vorerst) Ihre Sitzung beenden. Dazu machen Sie ein paar ganz tiefe Atemzüge, recken und strecken sich, öffnen die Augen, verlassen Ihre »Stille« und stehen langsam auf.

Das ist ein sehr guter Einstieg für Anfänger. Sie haben sicher genug damit zu tun,

Ihre Gedanken immer wieder
auf Ihre Atmung zu konzentrieren und auf sonst
nichts!

Schweifen Ihre Gedanken ab, was völlig normal ist, dann üben Sie Disziplin. Sagen Sie zu sich:

Zurück zur Atmung!

Sie bemerken vielleicht zum ersten Mal in Ihrem Leben, daß Sie absolut nicht Herr Ihrer Gedanken sind, sondern daß diese, sehr eigenwillig, kommen und gehen, wie sie wollen.

Wenn Sie so weit fortgeschritten sind, daß Sie nach einiger Zeit diese Atemtechnik wie im Schlaf beherrschen, beginnen Sie mit mir eine Wanderung...

Die Wanderung durch meine Farbenlandschaft

Sie betreten im Geist ein Feld mit wunderschönen *tiefroten Mohnblumen*. Sie bücken sich zu den Blumen und berühren sie. Vielleicht setzen Sie sich auf den Boden, haben rings um sich herum die *tiefroten Mohnblumen* und atmen dabei ruhig weiter. Schauen Sie sich das wundervolle *Rot* dieser Blumen an. Tun Sie das, so lange Sie möchten.

Nun stehen Sie auf, heben Ihren Blick und sehen, daß Sie immer weiter in einen *Orangenhain* hineingehen. Reife *Orangen* hängen von den Bäumen und liegen am Boden. Sie pflücken eine dieser *orangefarbenen* Früchte, riechen den Duft der reifen *Orangen*, streichen über die Schale und nehmen mit Ihrem Atem *die Farbe der Orangen* auf. Tun Sie das, so lange Sie möchten.

Sie machen ein paar Schritte und betreten ein riesiges Feld voller *goldgelber Sonnenblumen*. Direkt vor Ihrem Gesicht haben Sie das *Goldgelb* der Blütenblätter. Sie greifen nach einer Blume, halten sie an Ihr Gesicht und nehmen mit all Ihren Sinnen den Geruch von Sonne, Sommer und der Farbe der *goldgelben* Blütenblätter auf. Tun Sie das, so lange Sie möchten.

Der nächste Schritt bringt Sie auf eine Wiese mit jungen *hellgrünen Gräsern*. Sie legen sich in das frische junge *Grün* und sehen, daß hier und da kleine *rosa* Blumen zwischen den *hellgrünen* Gräsern wachsen. Sie drehen sich auf den Bauch und haben überall die Farbe *Grün* mit einzelnen *rosa Punkten* vor Ihren Augen. Tun Sie das, so lange Sie möchten.

Sie drehen sich auf den Rücken und schauen nun in den wolkenlosen *Sommerhimmel*. *Himmelblau* und kein einziges Wölkchen. Wie ein *himmelblauer* Baldachin spannt sich der Himmel über Sie. Mit Freude atmen Sie sein *Himmelblau* ein. Tun Sie das, so lange Sie möchten.

Vielleicht haben Sie geschlafen, denn es ist Nacht geworden. *Dunkelblauer, samtener Nachthimmel* ist über Ihnen – sternenklar. Es ist so beruhigend, in das *tiefe Blau* des Kosmos zu schauen, aus dem Ihnen *goldene Sterne* zublinken. Lassen Sie die Ruhe der *tiefblauen* Nacht in sich einströmen. Tun Sie das, so lange Sie möchten.

Sie haben wieder ein wenig geschlafen, denn es ist Morgen geworden, und Sie stehen auf einer Lichtung, über der *weißer dichter Nebel* liegt. Die Sonne scheint in diesen *weißen* Nebel hinein und läßt ihn *in allen Farben des Regenbogens* glitzern. Wie kleine *Opale* hängen Nebeltropfen im *Weiß* dieser feinen Decke, die Sie ganz einhüllt. Sie fühlen sich darin sehr ruhig und geborgen. Tun Sie das, so lange Sie möchten.

Wenn Sie aus dem Nebelfeld heraustreten, sind Sie an einem ganz besonderen Platz angekommen — nämlich dort, wo Sie ab jetzt täglich hinkommen werden, um mit sich alleine zu sein — und von dem aus Sie Ihr Leben gestalten werden.

Der geistige Lieblingsplatz

Mein stiller Platz ist eine kleine Bucht am Meer mit feinem weißen Sand und einem großen Stein. Ich spüre den warmen Boden unter meinen Füßen, setze mich und lehne mich an den warmen Stein. Ich sehe auf das Meer hinaus und höre sein beruhigendes Rauschen. Dann wandern meine Augen zum Horizont, dorthin, wo Himmel und Meer ineinander übergehen.

Die Sonne scheint, und ich hebe ihr mein Gesicht entgegen. Ich nehme dankbar ihre Strahlen, ihr Licht und ihre Wärme in mir auf. Ich nehme:

Mein Sonnenbad.

Wenn ich eine kranke Stelle habe oder irgendwo Schmerzen spüre, lasse ich die Sonne besonders stark darauf strahlen. Habe ich Kreuzschmerzen, drehe ich ihr den Rücken zu. Habe ich Halsschmerzen, halte ich den Hals in die Sonne. Vielleicht können Sie diese Strahlen sogar durch diese Stellen hindurchgehen lassen oder das heilende Licht in Ihrem Körper festhalten.

Wenn Sie das einmal können – und das werden Sie bei täglicher Übung sehr bald –, werden größere gesundheitliche Probleme sehr positiv beeinflußt, und kleinere Wehwehchen verschwinden oft durch ein paar »Sonnenbehandlungen«.

Den Arztbesuch ersetzt das Sonnenbad nicht, aber im Laufe der Zeit werden Sie viel weniger krank sein – Sie unterstützen Ihren Körper und Ihren Arzt!

Sie können nach dem Sonnenbad geistig der Allmacht oder Gott oder dem Kosmos (wie es für Sie gut ist) danken. Dann verlassen Sie Ihren *stillen Ort* und atmen einige Male ganz tief durch. Sie recken sich und strecken sich und – ich bin sicher – Sie fühlen sich wohl.

Wie Ihr stiller Ort aussieht, das sollten Sie selbst bestimmen. Er kann eine Almwiese auf dem Gipfel eines Berges sein. Er kann eine Waldlichtung sein oder ein Strand mit Palmen. Es kann ihn tatsächlich geben, oder Sie lassen ihn in Ihrer Phantasie entstehen! Lassen Sie Ihrer Vorstellung freien Lauf!

Wichtig ist, daß Sie sich nicht in eine Höhle verkriechen, denn:

Sie brauchen Licht!

Das Sonnenlicht soll Sie erfüllen, Sie wärmen, Sie heilen, Ihnen Wohlbehagen und Kraft spenden können!

Sie brauchen sich das alles nicht auf einmal merken. Sie sollen Schritt für Schritt vorgehen. Zuerst ein paar Tage oder Wochen nur Atmen und immer mit den Gedanken bei der Atmung bleiben. Das heißt:

Konzentration auf das Atmen lernen.

Danach prägen Sie sich die Farben der Landschaft ein:
- das *Rot* der Mohnblumen,
- das *Orange* des Orangenhaines,
- das *Gelb* der Sonnenblumen,
- das *Grün* der jungen Gräser mit den *rosa* Blüten,
- das *Himmelblau* des Sommerhimmels,
- das *tiefe Blau* der sternenklaren Nacht,
- das *Weiß* des Nebels mit den glitzernden Tautropfen *in allen Farben des Regenbogens.*

Wie Sie sich in dieser Landschaft bewegen wollen, ist ganz Ihnen überlassen. Liegen Sie, sitzen und schauen Sie, gehen Sie herum – tun Sie das, wozu Sie Lust haben.

Ich habe Ihnen meinen persönlichen *Still-werden-Vorgang* beschrieben, der für Sie als Leitfaden dienen kann, aber nicht muß. Wichtig ist:

> Wenn Sie die Farbenlandschaft benutzen,
> dann bleiben Sie bei der Reihenfolge
> Rot, Orange, Gelb, Grün mit etwas Rosa,
> Himmelblau, Indigo- oder Dunkelblau,
> Weiß (opalisierend oder mit Gold)!

Es sind dies die Farben unserer Energiezentren oder Chakren, die an der Oberfläche unseres Ätherkörpers liegen und wo wir – an den gleichen Stellen in unserem vitalen Körper – unsere sieben Hauptdrüsen haben.

(Siehe im 10. Kapitel: Die sieben Hauptchakren und ihre Wirkungsweise. Ich erkläre dort, was Chakren sind, wie diese Energiezentren arbeiten und welche Farben ihnen zugeordnet werden. Darüber hinaus erkläre ich, was der Ätherkörper ist.)

Sie bekommen in diesem Buch kein esoterisches Fachwissen vermittelt; Sie lernen abzuschalten und zu entspannen. Damit kommt innere Ruhe und Gelassenheit in Ihr

Leben und erfüllt Sie mit Harmonie und neuer Lebensfreude. Mit diesem Buch versuche ich, Sie Schritt für Schritt anzuleiten und zu führen. Wenn Sie möchten, können Sie sich meine Beschreibung der Farbenlandschaft auf eine Kassette sprechen.
Bitte prägen Sie sich immer wieder ein:

Sie konzentrieren sich zuerst auf Ihre Atmung.
Sie konzentrieren sich auf eine Farbenlandschaft.
Sie konzentrieren sich auf das Sonnenbad.

Wenn Ihre Gedanken abschweifen, kehren Sie sofort wieder dorthin zurück, wo Sie hingehören!
Sie werden sich oft ertappen, daß Sie irgendwo mit Ihren Gedanken herumirren – kehren Sie sofort dorthin zurück, wo Ihre Gedanken gerade sein sollen: entweder zur Atmung, zu einer Farbenlandschaft oder zum Sonnenbad auf Ihrem stillen Platz.
Ich bin heute in der Lage, egal wo ich mich gerade befinde, sei es an einem lauten Urlaubsstrand, in einem überfüllten Zug oder in einem Flugzeug, völlig abzuschalten. Ich schließe meine Augen und werde still. Das dauert, wenn ich wenig Zeit habe, nur einige Minuten. Die richtige Atmung geht von selbst, ich bleibe nur kurz in jeder Farbenlandschaft, nehme intensiv die Strahlen der Sonne auf – und es geht mir gut. Mein Geist, meine Seele und mein Körper wissen genau: Wenn die Farbenreise beginnt, sind wir nachher wieder fit! Aus eigener Erfahrung bitte ich Sie:

Machen Sie diese meditative Übung täglich!

Sie werden so viel Gelassenheit und Ruhe für Ihren Geist, so viel Balsam für Ihre Seele und so viel Gesundheit und

Vitalität für Ihren Körper erreichen, wie Sie es jetzt nie für möglich halten würden!

Ich weiß, daß es heute »modern« ist zu meditieren. Ich verstehe unter Meditation jedoch die Möglichkeit, mich selbst kennenzulernen. In der Stille führe ich einen inneren Dialog mit meinem Körper und horche auf seine Botschaften; frage meinen Geist, was er mir an Ideen und Einsichten vermitteln will, und ich bitte oft meine Seele, mir zu helfen, mit meinen Emotionen richtig umzugehen. Dadurch bleibe ich viel leichter in Harmonie mit mir und meiner Umwelt. Durch diesen inneren Dialog habe ich weiters gelernt, sensibler für mich selbst zu werden; ich weiß besser, was für mich gut und stimmig ist und was ich lieber bleiben lasse. Ich bin mir näher gekommen.

Wenn Sie dieses Buch nicht nur gelesen, sondern auch damit gearbeitet haben, lege ich Ihnen mein nächstes Buch mit dem Titel *Sei glücklich – Du schaffst es*, das ebenfalls im mvg-verlag unter der ISBN 3-478-08621-3 erschienen ist, ans Herz. Es wird Ihnen meinen Weg zum wahren Selbst eines Menschen – den jeder von uns irgendwann gehen sollte – weisen.

3. Kapitel

Im 3. Kapitel lesen Sie,

- was Gedankenkontrolle und das Loslassen der Vergangenheit bewirken

- warum das Herumirren in der Vergangenheit nichts bringt

- was ein Negativdenker ist

- was ein Positivdenker ist

- daß Sie die Wahl des freien Denkens haben, denn »alles, was Ihnen bis zum heutigen Tag widerfahren ist, ist das Produkt Ihrer Denkweise«

- warum das Gewohnheitsdenken überwunden werden muß

- wie wichtig es ist, Ihre Ausdrucksweise zu kontrollieren

- wie Sie positives Denken sofort negativem Denken entgegensetzen

- wodurch Sie – ab jetzt – in der Lage sein werden, »die Vergangenheit ein für allemal sein zu lassen«

- wie Sie mit Trennung und Leid umgehen

- wie die Hilfe zum Erlernen der Gedankenkontrolle angewandt wird

- daß Sie im »Hier und Jetzt« leben

- wie ein Wunschbild Sie aus dem »Gestern« löst

- daß – ab jetzt – Sie bestimmen, welche Gedanken Sie haben

Gedankenkontrolle und das Loslassen der Vergangenheit

Ich kenne einen sehr vernünftigen und scheinbar heiteren Menschen, der mir gestand: »Ich denke über einen Satz, der vor fünfundzwanzig Jahren zu mir gesagt wurde, heute noch nach. Er tat mir damals sehr weh, und ich kränke mich immer wieder darüber.«

So geht es vielen Menschen. Auch ich hatte ein Elefantengedächtnis für alte, kränkende Erinnerungen, von denen ich mich nicht lösen konnte und wollte. Unter größter Seelenpein holte ich vergangene Enttäuschungen, Kränkungen, alten Ärger und sonstigen Kummer hervor, grübelte darüber nach, schaute meine Erinnerungen an, überlegte, was ich damals hätte besser machen können, hätte anderes sagen sollen – ja, ich verstieg mich oft so weit, alte Dialoge umzuschreiben.

Ich suhlte mich im alten Morast, und es wurde nichts besser dadurch. Wenn ich bis zum Umfallen arbeitete oder durch Gesellschaft abgelenkt war, schaltete ich ab. Bis ich fühlte: »Du machst etwas grundfalsch! Denk nach, was dir dieses ›Hängen in der Vergangenheit‹, dieses ewige ›Leben im Gestern‹ bringt!«

Es war mein Unvermögen, meine Gedanken zu kontrollieren. Wenn ich diese starke negative Gedankenenergie positiv, für das Erreichen eines erstrebenswerten Zieles oder einfach für die Erhaltung der Gesundheit eingesetzt hätte, wäre mir sehr viel erspart geblieben.

Ich schuf mir mit Hilfe vieler Bücher und Kassetten meinen eigenen Lernprozeß, und ich gewann ihn. Heute bin ich Herr meiner Gedanken, und ich beabsichtige, es zu bleiben. Darum beschreibe ich Ihnen auch für diesen Schritt meine Hauptstraße, die das Herumirren in der Vergangenheit beendet und zur Gedankenkontrolle führt.

Das Herumirren in der Vergangenheit

Ich möchte, daß Sie erkennen, wie schädlich dieses Herumstochern in alten Wunden ist, und wohin es Sie bringt. Es beginnt damit, daß Sie Ihrem Körper Schaden zufügen, indem Sie sich krank grübeln. Ihr Gesicht nimmt die Züge des Kummers, der Resignation an, Ihre Körperhaltung wird haltlos und schlaff. Sie lassen sich hängen! Auf keinen Fall verbessern Sie Ihr Aussehen und Ihre Gesundheit.

Dadurch, daß Sie sich einen alten Horrorfilm nach dem anderen ansehen, versäumen Sie viele schöne Stunden des Lebens. Sie sind seelisch so darnieder, daß Sie nichts wirklich Sinnvolles und Kreatives in der Gegenwart schaffen können. Ständiges Wiederholen Ihrer alten unerfreulichen Vergangenheitserlebnisse erzieht Ihr Unterbewußtsein dazu, sicherzustellen, daß Sie dieses »vergangene Unglück« immer wieder anziehen. Sie programmieren sich auf Verluste, Krankheiten, Armut, Ängste und so weiter – bis Sie durch Ihre stets negative Mentalarbeit (Gedankenarbeit) genau das erreichen, was Sie eigentlich nie mehr erleben wollten.

Als geistiges Gesetz interpretiert, bedeutet das: Worauf wir unser Bewußtsein richten, das ziehen wir ganz bestimmt an.

Indem Sie nicht aufhören im alten Leid zu wühlen,
erschaffen Sie sich für die Gegenwart
wieder neues Leid.

Es ist ein Teufelskreis,
aus dem Sie unbedingt schnell ausbrechen müssen!

Es gibt keinen Wunderstab, mit dem ich nur einmal Ihre Stirn berühre und ab sofort würden alle alten, leidvollen Gedanken und Bilder verschwinden. Ich kann Sie leider auch nicht von den gegenwärtigen, schädlichen Gedanken durch einen Zauberspruch befreien. Aber ich bin durchaus in der Lage, Sie anzuleiten, wie Sie Gedankenkontrolle lernen können. Voraussetzung ist, daß Sie konsequent das befolgen, was ich tat. Es gibt keinen Preis ohne Fleiß.

Endlich nur das zu denken, was Ihnen wohl tut, Gutes hervorbringt, und alles, was vergangen ist, vergangen sein lassen, ist eine unendliche Wohltat. Erst dann können Sie mental (gedanklich) beginnen, die Gegenwart anständig einzurichten. Sie ändern damit Ihr Leben um 180 Grad.

Der Negativdenker

Ich möchte Ihnen ein aktuelles Beispiel geben: Unsere Wirtschaftslage ist nicht rosig. Das ist kein negativer Gedanke – es ist eine Feststellung. Das heißt aber noch lange nicht, daß Sie davon betroffen sein müssen.

Nehmen wir an, Frau Maier hatte in den letzten Jahren einige Male ihren Arbeitsplatz verloren. Wir untersuchen nicht, warum das in der Vergangenheit so war und ob sie damals etwas falsch machte, sondern wir schauen uns folgende Reaktion an: Was tun Frau und Herr Maier?

Sie bohren ständig in der alten Wunde »Arbeitsplatzverlust«. Sie schüren täglich ihre Angst. Sie lesen jeden Krisenartikel in der Zeitung, schauen sich alle einschlägigen Berichte im Fernsehen an, und Frau Maier sagt zu ihrem Mann: »Hoffentlich verliere ich nicht wieder meinen Arbeitsplatz. Bei uns wurden vorige Woche schon zehn Leuten gekündigt. Ich hatte große Angst, daß ich dabei bin. Diesmal kam ich noch davon. Wie wird es bei der nächsten Entlassungswelle sein? Da bin ich nicht optimistisch. Ich glaube, da erwischt es mich.«

Ihr Mann sagt: »Ja, ich denke auch dauernd daran, daß du entlassen werden könntest. Wenn ich meinen Stammtisch habe, lacht keiner mehr, und wir reden ständig davon, daß es immer schlechter und schlechter mit den Arbeitsplätzen wird.«

Dann schauen sich beide bedrückt das Fernsehprogramm an, lesen schnell noch ein paar niederschmetternde Berichte in der Tageszeitung und legen sich ins Bett. Dort läßt jeder den Horrorfilm »Arbeitsplatzverlust« noch einmal vor seinem geistigen Auge ablaufen, und mit dem Gedanken »Angst vor der Arbeitslosigkeit« schlafen sie ein. Sie haben sich perfekt negativ programmiert.

Am nächsten Morgen sind beide müde, weil sie schlecht geschlafen haben. Frau Maier ist bei der Arbeit unkonzentriert, macht eine Menge Fehler, weil sie dauernd daran denken muß, daß auch sie ihren Arbeitsplatz verlieren könnte. Dann kommt es ihr so vor, als mache der Abteilungsleiter oder der Chef ein unfreundliches Gesicht. Also ängstigt sie sich noch mehr. Sie sitzt wie ein Häufchen Elend an ihrem Schreibtisch, ist verkrampft, unkonzentriert, macht Fehler und wälzt gleichzeitig alte negative Erfahrungen in ihrem Kopf.

Als der Chef ruft: »Frau Maier, bitte kommen Sie zu mir«, zuckt Sie zusammen. Ihr Puls geht auf 180, ihr Blutdruck noch höher, und sie hört gar nicht richtig, was der Chef zu ihr sagt. Der schaut Sie komisch an und meint: »Was ist mit Ihnen los? Sind Sie krank, oder interessiert es Sie nicht, was ich eben gefragt habe?« Sie stottert herum, hat keine Ahnung, was sie sagen soll, denn sie hat die Frage tatsächlich nicht gehört. Sie hatte gerade wieder den Horrorfilm »Arbeitsplatzverlust« angeschaut.

Darf ich Ihnen diese leider so realistische Szene anders vorführen?

Der Positivdenker

Die Weltwirtschaft ist in einer Krise, und viele verlieren ihren Arbeitsplatz. Auch Herr Müller hat ihn schon ein paarmal verloren. Wir untersuchen wieder nicht, ob er damals selbst schuld hatte.

Das Ehepaar Müller lebt in der Gegenwart. Sie lesen ebenfalls Zeitung und sehen die Berichte im Fernsehen, und er sagt danach zu seiner Frau: »Wir haben zwar eine große Krise am Arbeitsmarkt, doch ich habe keine Angst davor, gekündigt zu werden. Ich mache meine Arbeit gewissenhaft und mit Freude. Ich weiß, ich werde gebraucht, denn ich habe mich durch den Fortbildungskurs noch unentbehrlicher gemacht. Wenn ich ausfalle, würde ich im Betrieb sehr fehlen. Mein Chef weiß das. Es ist ein gutes Gefühl!«

»Ja«, sagt seine Frau, »du brauchst dir bestimmt keine Sorgen zu machen. Ich weiß, daß du tüchtig und verläßlich bist, und das wird immer geschätzt. Komm, wir machen noch einen kleinen Abendspaziergang.«

Diese Leute gehen mit der Gewißheit, daß sie Vertrauen zu sich und zum Leben haben können, ins Bett. Beide sind am nächsten Tag ausgeschlafen und gut aufgelegt. Er ist konzentriert und mit Freude bei der Arbeit. Der Chef denkt: »Nicht nur, daß Herr Müller sehr tüchtig und kompetent ist, er ist auch beliebt bei den Kollegen und freundlich zu den Kunden. Ganz anders als Herr XXX. Ich muß schauen, daß er uns erhalten bleibt, denn er ist für den Betrieb ein unentbehrlicher Mitarbeiter.«

Habe ich Ihnen ein anschauliches Beispiel gegeben?

Die Wahl des freien Denkens

Der Verlust des Arbeitsplatzes und der dadurch ständig wiederkehrende Gedanke: »Ich verliere immer wieder meinen Arbeitsplatz, weil ich immer Pech habe, immer falsch verstanden werde, weil ich nicht so tüchtig wie andere bin oder mich nicht so gut durchsetzen kann. Weil ich das Unglück gepachtet habe, weil ich mich nicht richtig verkaufen kann, weil ich nicht so gut ausschaue, mich nicht so gut ausdrücken kann...« ist nur ein Beispiel. Sie können auch ein anderes Thema nehmen. Zur Auswahl stehen viele Möglichkeiten. Es beginnt bei der Partnerschaft und endet zumeist mit dem Gedanken: »Niemand mag und braucht mich, wozu lebe ich überhaupt?«

Ich versuche nun, Ihnen ein paar Dinge klarzumachen:

> Alles, was Ihnen bis zum heutigen Tag
> widerfahren ist,
> ist das Produkt Ihrer Denkweise.

Glaube zieht ebenfalls immer das an, an das wir fest glauben.

Das heißt, alles, was Sie in den letzten dreißig Jahren beziehungsweise in den letzten drei Minuten oder drei Sekunden dachten, formt Ihre Realität und gestaltet Ihre Zukunft.

Ihre Gedanken sind eine Macht,
die Ihr Leben zum Guten oder zum Bösen lenkt.

Ich erkannte, daß, wenn es *meine* Gedanken sind, auch nur *ich* die Macht habe, sie anders zu denken.

Nachdem wir also dauernd denken,
müssen wir dort einhaken.

Wir denken ununterbrochen – bis auf die stillen Momente, die Sie als Negativdenker bestimmt nicht haben. Wenn Sie träumen oder einfach Ihren Gedanken freien Lauf lassen, denken Sie – ohne Gedankenkontrolle – auch nur an all das, »was Ihnen schon passiert ist und wieder passieren könnte«.

Wir können das Denken nicht abstellen,
aber wir können das Denken verändern.

Der Gewohnheitsdenker

Der Mensch ist ein Gewohnheitstier. Und aus Gewohnheit haben wir falsche Gedanken. Wir nehmen es nicht wahr, wenn wir bei jeder Kleinigkeit, die uns nicht gelingt, automatisch denken: »Mir gelingt doch nie etwas richtig!« Oder Sie murmeln bei jedem kleinen Fehler, der Ihnen unterläuft: »Mein Gott, bin ich blöd!« Gott kann sicher nichts dafür, daß Sie sich Blödheit zudenken. Wenn ein fremder Mensch Sie als blöd bezeichnen würde, wären Sie zutiefst gekränkt. Aber selbst bezeichnen Sie sich so – und sind sich überhaupt nicht böse. Es fällt Ihnen nicht einmal etwas Negatives an Ihren Worten auf.

Fangen Sie an,
Ihre Ausdrucksweise zu kontrollieren!

Das ist der erste Ansatzpunkt. Ab heute unterlassen Sie alle Redewendungen wie: »Mich trifft der Schlag! Ich bin unmöglich! Das lerne ich nie! Wenn Föhn ist, bin ich halbtot! Ich bin ein ewiger Pechvogel! Ich zerbreche mir ständig den Kopf! Wenn das und das ist, bin ich wie gelähmt! Egal wie wenig ich esse, ich bleibe immer dick! Ich bin viel zu schwach! Reich werde ich nie! Dazu bin ich einfach zu dumm! So ein Glück haben nur die anderen! Ich habe das Unglück gepachtet! Wenn die Kinder Grippe haben, bekomme ich sie garantiert auch! . . .«
In Ihrem Sprachschatz gibt es eine unendliche Reihe dieser negativen Worte und Sätze, die sich Ihrem Unterbewußtsein einprägen und Ihr Leben absolut nicht zum Guten beeinflussen und steuern. Egal, ob Sie mir glauben oder nicht, wenn Sie endlich von Ihrem alten belastenden Denken loskommen wollen, beginnen Sie mit der Ausdruckskontrolle! Es ist der leichteste Einstieg, und Sie lernen auf Ihre Gedanken und Worte zu achten.
Haben Sie einen Ihrer alten »Prägesätze« verwendet, korrigieren Sie sich sofort gedanklich und akustisch. Setzen Sie etwas Positives dagegen, wenn Sie bei einem Kaffeeplausch wieder einmal unkontrolliert sagen: »Mein Jüngster hat eine Erkältung. Immer wenn die Kinder verkühlt sind, stecken sie mich an. Der nächste, der Grippe bekommt, bin ich.«

Positives gegen Negatives

Nehmen Sie so etwas sofort zurück! Wieso werden Sie krank, wenn Ihr Kind krank ist? Weil Sie es sich einreden – und das schon seit Jahren – und weil Ihr Unterbewußtsein und Ihr Organismus auf diese falsche Programmierung reagieren.

Der Befehl heißt: Immunsystem schwächen, damit die Verkühlung kommen kann! Sie werden erstaunt sein, wieviel Sie damit zu tun haben, Ihre Rede- und Denkweise, nur im Hinblick auf Ihre negativen Redewendungen und Denkmuster, zu kontrollieren. Bitte korrigieren Sie sich immer, wenn Sie sich dabei erwischen! Setzen Sie sofort jedem negativen einen positiven Gedanken entgegen! Tun Sie das so lange, bis Sie sich abgewöhnt haben, unkontrolliert zu denken und zu reden. Wenn Sie einige Zeit Sprach- und Denkkontrolle betrieben haben, gehen wir dazu über,

die Vergangenheit
ein für allemal vergangen sein zu lassen!

Machen Sie sich folgendes bewußt: Jeder Mensch erlebte Situationen, die ihm schmerzlich waren. Wir meinen: »Mein Leid ist einmalig!« Es ist nicht einmalig, denn viele Ihrer Mitmenschen haben das gleiche erlebt. Ich will nicht behaupten, daß es nicht furchtbare Schicksale gibt, die wir mit einem Bewußtsein, das sich nur auf ein Leben richtet, nicht erfassen können. Wir müssen dann zwingend an die Reinkarnation (an die Wiederverkörperung) glauben und an ein Karma, das wir uns selbst geschaffen haben. (Karma ist das Gesetz von Ursache und Wirkung, das jeder Mensch durch seine Handlungen, durch sein Denken und Fühlen verursacht. Die Auswirkung davon ist unser Gemütszustand, den wir jederzeit durch das Setzen einer neuen Ursache – also neues Denken, Handeln, Fühlen – verändern können.)

Was wir oft als großes Problem oder Schicksalsschlag empfinden, erleben wir, um zu lernen und uns weiterzuentwickeln. Wenn wir nie »hinfallen«, können wir nie das »Aufstehen« üben. Dann bleiben wir kleine Kinder und werden nie erwachsen. Also stehen Sie immer wieder auf – damit Sie reif für das wahre Leben werden. Sie erkennen die »ewigen Kinder« daran, daß es sich um Menschen handelt, die glauben, die ganze Welt hätte sich um sie zu drehen. Wenn sie nicht umsorgt, verwöhnt und angehimmelt werden, hadern sie mit der Ungerechtigkeit des Schicksals. Diesen ständig fallenden, erwachsenen Kindern aufzuhelfen, ist nicht gut – man sollte sie liegen lassen, damit sie nicht nur älter, sondern auch gescheiter werden.

Trennung und Leid

Natürlich ist es hart, wenn wir einen geliebten Menschen verlieren. Abschied zu nehmen verursacht großes Leid. Diese Trennung kann durch den Tod geschehen, und wir meinen dann: »Ich kann ohne diesen Menschen nicht sein.«

Oft leiden wir noch mehr, wenn wir von einem Partner verlassen werden, der sich einem anderen Menschen zuwendet. Dann lebt er noch, aber nicht mehr für mich!

Jeder wird einmal oder mehrere Male in seinem Leben damit konfrontiert. Es tut entsetzlich weh, aber es ist nicht einmalig. Wir sollten daraus erkennen, daß wir unser Leben nicht von einem bestimmten Menschen abhängig machen dürfen. Darum werden Sie lernen, die Vergangenheit und all das, was Sie an Bitterkeit und Traurigkeit im Zusammenhang mit einem bestimmten Menschen in sich tragen und immer wieder hervorholen, loszulassen.

Machen Sie sich bewußt: Ich kann diesen Menschen keinesfalls durch mein ewiges Leiden und meinen steten Kummer wiederbekommen! Ich kann keines meiner vergangenen Worte ändern! Ich kann keine meiner vergangenen Handlungen ändern! Ich kann nichts ändern, was vergangen ist! Nicht einmal an dem, was vor einer Sekunde geschah, kann ich auch nur das Geringste ändern!

Aber: Ich kann mir selbst vergeben, was ich damals nicht richtig gemacht habe, denn ich habe daraus gelernt und die Botschaft des Lebens verstanden. Ich kann diesem Menschen vergeben, der nicht so war und handelte, wie ich es erwartete! Schauen Sie sich die betreffende Situation zum letzten Mal an. Vergeben Sie sich all das, was Sie damals vermeintlich falsch machten, und nehmen Sie sich fest vor, das niemals mehr in gleicher Weise zu tun!

Vergeben Sie aber auch dem Menschen, der Ihnen weh tat – weil er nicht so handelte, wie Sie es erwarteten!

Vielleicht erkennen Sie jetzt, daß Sie sich selbst – durch Ihre Sichtweise – Schmerz zufügten. Dieser Mensch hat nach seinem Ermessen und seiner Erkenntnis richtig gehandelt, nur Sie haben es anders erwartet! Denken Sie über diesen wichtigen Satz genau nach:

Wir erwarten von einem Menschen etwas –
und er erwartet von uns etwas.
Das kann dasselbe sein,
aber wir Menschen sind nicht gleich.
Also führen viele Mißverständnisse und eine falsche Erwartungshaltung zu Trennungen und Leid.

Leid ist der passive Weg »Leben lernen«; der aktive Weg ist der Weg der Weisheit, also Verstehen und Loslassen.

Vergeben Sie —
und Sie lassen damit wirklich los!
Denn alles, was Sie wirklich vergeben haben,
das können Sie auch loslassen!

All das, was Sie immer noch mit Groll, Enttäuschung, Wut, Ärger, Leid, Zorn und so weiter erfüllt, macht Sie krank und läßt Sie an der Vergangenheit kleben. Es ist wie ein Genesungsprozeß, wenn Sie vergeben und loslassen können.

Haben Sie eine alte, belastende Situation bereinigt, kontrollieren Sie von diesem Zeitpunkt an jeden Ihrer Gedanken, der sich damit noch einmal befassen möchte.

Wenn ein geliebter Mensch von Ihnen ging, weil er starb, dann lesen Sie das wundervolle Buch »Jedes Ende ist ein strahlender Beginn« von Frau Dr. Kübler-Ross. Ich glaube, es spendet Ihnen Trost. Vielleicht hilft Ihnen auch, was ich im 5. Kapitel »Ängste überwinden« über meine persönliche Erfahrung mit dem Sterben schreibe.

Wenn Sie akzeptieren können, daß der Geist eines Menschen unsterblich ist, dann wissen Sie, daß Sie ihn nie verlieren können. Glauben Sie fest daran: Dieser Mensch, den Sie so sehr vermissen — er ist noch immer für Sie da — auf einer anderen Bewußtseinsebene!

Zeigen Sie Ihre große Liebe — indem Sie Ihre Trauer beenden, und hadern Sie nicht mehr mit Gott, dem Schicksal oder der Allmacht, weil Ihnen dieser Mensch genommen wurde. Lassen Sie nur mehr Gedanken der freudigen Erinnerung zu. Sie tun dieser verstorbenen Seele mit Ihrer unendlichen Trauer weh. Sie kann, auf der materiellen Ebene, nicht mehr zu Ihnen zurückkommen — aber Sie werden krank vor Leid.

Die Gedankenkontrolle

Zum Erlernen der Gedankenkontrolle habe ich mir folgende Hilfe erarbeitet: Ich stellte mir ein Ziel vor, das ich erreichen wollte. Während ich noch Geschäftsfrau war, wußte ich schon viele Jahre, daß ich zu einem bestimmten Zeitpunkt wieder zu schreiben beginnen wollte. Ich tat es in meiner Jugend mit viel Freude. Mein Leben nahm jedoch eine andere Wendung. Mein großer Wunsch zu schreiben blieb. Also plante ich gedanklich, wie ich mich später um eine entsprechende Ausbildung bemühen würde, um wieder einsteigen zu können. Ich überlegte, ob ich mir nur eine Schreibmaschine oder einen Computer kaufen sollte. Ich dachte über Themen nach, über die ich gerne schreiben würde... und ich malte mir mein kommendes »Schriftstellerleben« aus. Ich schuf mir damit meine Vision!

Immer wenn ich mich dabei erwischte, daß ich mich unkontrolliert trüben Gedanken an Vergangenes hingab, schaltete ich sofort auf »Schriftstellerei« und blieb konsequent bei diesem Thema.

Im »Hier und Jetzt«

Es gehört Disziplin dazu, gedanklich bei einer Vorstellung zu bleiben. Wenn Sie die Vergangenheit loswerden wollen und endlich wieder im »Hier und Jetzt« zu leben beabsichtigen – dann beginnen Sie, Ihre Gedanken zu kontrollieren. Es ist reine Übungssache, kein Kunststück, und bringt Ihnen bald Erleichterung.

Durch diese Vorgangsweise lernte ich nicht nur, die Vergangenheit ruhen zu lassen und das gegenwärtige Leben

71

zu genießen, sondern ich erreichte mittels dieser Mentalarbeit ein Ziel, das mich sehr glücklich macht.

Sehr wenige meiner Freunde und Bekannten glaubten,
daß ich meine Tätigkeit, gerade als ich sehr erfolgreich
war, aufgeben und etwas ganz Neues, völlig Verrücktes
beginnen würde. Ich wehrte mich nie gegen das Wort
verrückt, denn ich habe den tieferen Sinn erkannt. Natürlich habe ich mein Bewußtsein »ver-rückt«, und das ist ein
wunderbarer Zustand geworden.

Ein Wunschbild löst Sie aus dem »Gestern«

Ich schreibe heute, so wie ich es mir lange Zeit vorstellte,
und ich kontrolliere, welche Gedanken ich haben will. Ich
schlug zwei Fliegen mit einer Klappe.

Suchen Sie sich einen Wunsch aus, der Ihnen sehr am
Herzen liegt, und benützen Sie ihn, um sich von der
Vergangenheit zu lösen. Sie schaffen sich, als wunderbares Nebenprodukt Ihrer positiven Gedankenarbeit, die
Verwirklichung Ihrer Vision. Haben Sie nicht nur eine
vergangene Schicksalssituation zu erlösen, sondern mehrere, darf ich annehmen, daß Sie auch mehrere Wünsche
für Ihre Zukunft haben. Geht eines dieser Herzensanliegen
durch Ihre positive Mentalarbeit der Gedankenkontrolle in
Erfüllung, geben Sie Ihrer nächsten Vision die Chance,
Wirklichkeit zu werden!

Beginnen Sie heute damit,
Ihrer Vergangenheit
Ihren Herzenswunsch entgegenzusetzen!

Ich erzähle Ihnen kein Märchen: Ich erlebte es an mir und
an Menschen, die mir vertrauten. Es ist ein Weg, Herr über

die eigenen Gedanken zu werden! Wenn Sie alle leidvollen Kapitel Ihres vergangenen Lebens abgeschlossen haben, werden Sie nicht nur ein fröhlicheres Gemüt, ein bewußteres Leben, sondern auch einen gesünderen Körper bekommen. Sie erlösen nicht nur Ihre Seele von altem Kummer und Leid, Sie entlasten auch Ihren Geist und machen Platz für neue, positive, anregende Gedanken. Sie geben Ihrem »Ich« endlich die Möglichkeit, sich – erlöst von allen Übeln – wieder zu regenerieren. Sie erinnern sich jederzeit daran, was schön, freudig, wertvoll und gut in Ihrer Vergangenheit war – aber Sie haben alles, was Sie aus Ihrer Vergangenheit belastete, losgelassen.

Sie bestimmen ab jetzt,
welche Gedanken Sie denken wollen!

4. Kapitel

Im 4. Kapitel lesen Sie,

- wie Sie Selbstwertgefühl und Eigenliebe entwickeln

- daß Sie fragen sollten, wie Sie mit sich selbst umgehen

- warum Sie sich selbst annehmen lernen

- was praktizierte Eigenliebe ist

- daß Ihre Ausstrahlung Sie zu einer Persönlichkeit macht

- warum Charisma und »das innere Strahlen« etwas mit Selbstbewußtsein zu tun haben

- Was Sie mit dem Verstand für Ihr Charisma tun können

- was das »innere Feuer« bewirkt

- warum die Frage: Schönheit oder Persönlichkeit? falsch gestellt ist

- wie wichtig es ist, »selbst-bewußt« zu werden

Selbstwertgefühl und Eigenliebe entwickeln

Eigenliebe heißt nicht, sich vor den Spiegel zu stellen und von seinem Aussehen begeistert zu sein. Es ist gut, wenn man mit der eigenen Optik zufrieden ist – doch das ist nur ein Teil der eigenen Akzeptanz. Von seinem Wert überzeugt zu sein, sich ohne Einschränkungen anzunehmen, sich vorbehaltlos zu lieben – trotz Fehler und Schwächen – ist eine hohe Kunst.

Wir gestatten den wenigsten Menschen, Kritik an uns zu üben. Tun Sie es, sind wir schnell beleidigt und weisen diese Wertung unserer Persönlichkeit zumeist empört zurück.

Wie gehen Sie mit sich selbst um?

Selbstakzeptanz und Eitelkeit sind zwei ganz ungleiche Paar Schuhe, daher frage ich Sie: Wie mögen Sie sich? Halten Sie sich für einen liebenswerten Menschen? Halten Sie sich für einmalig? Für wertvoll und gut?

Ich will die Liste dieser Fragen nicht fortsetzen, denn ich kenne Ihre Antwort, die im günstigsten Falle lautet: »Im großen und ganzen mag ich mich schon, aber ...«, und jetzt beginnt die Auflistung Ihrer Fehler.

Möglich, daß Sie schon gelesen und gehört haben, daß Selbstachtung und Eigenliebe wichtig sind. Ich möchte sagen, diese Eigenschaften zu entwickeln ist so wichtig wie Gedankenkontrolle. Wobei ich Gedankenkontrolle als Grundlage für das liebevolle Annehmen der eigenen Persönlichkeit für unentbehrlich halte.

Marc Aurel, Kaiser von Rom, der ein großer Denker und Philosoph war, tat den weisen Ausspruch:

Unser Leben ist das Ergebnis unserer Gedanken.

Dem möchte ich hinzufügen:

Wir, als menschliche Wesen,
sind auch das Ergebnis unserer Gedanken.

Ich beginne bei meiner grundlegenden Einsicht: Keiner ist dem anderen gleich. Nicht einmal eineiige Zwillinge sind sich gleich. Äußerlich vielleicht sehr, aber niemals im Charakter.

Also sind wir einmalig!

Wenn Sie sich für zu dumm, zu dick, zu dünn, zu klein, zu groß, zu schüchtern, zu wenig liebenswert und so weiter halten, machen Sie sich klar:

Sie selbst halten sich dafür
und erzeugen eine Schwingung,
die dem Gesetz der Entsprechung unterliegt.

Ich bin ganz sicher: Es kommt der Zeitpunkt, ab dem Sie Ihr Bewußtsein automatisch nur mehr auf das richten, was Ihr Leben bereichert. Der Weg dahin ist vorerst: Aufmerksamkeit für seine Gedanken und inneren Bilder.

Mögen Sie sich wirklich?

Wenn Sie zu dick sind, essen Sie zu viel – das stimmt. Aber warum essen Sie zu viel? Der Grund ist immer zu wenig Liebe. Ein dicker Mensch ist zumeist ein feinfühliger Mensch, der sich eine Schutzschicht aus Fett zulegt. Damit ihn niemand so leicht verletzen kann – auch er sich selbst nicht. Dabei gerät er in folgenden Teufelskreis:

»Ich esse aus Mangel an Liebe. Ich schaue in den Spiegel und mag mich nicht, weil ich zu dick bin. Daher bin ich nicht liebenswert. Daher esse ich, damit irgend etwas Gutes in mein Leben kommt. Denn, wer soll mich lieben, so wie ich bin? Ich esse aus Mangel an Liebe . . .!«

Dieser Teufelskreis kann nur durch Selbstannahme durchbrochen werden. Es gibt keine Diät der Welt, die aus einem unglücklichen Dicken einen unglücklichen Dünnen macht. Aber aus einem unglücklichen Dicken kann ein glücklicher Dünner werden.

Wenn diesem Dickerchen das Glück widerfährt, einen Menschen kennenzulernen, der unter den Fettmassen die feinfühlige, liebenswerte Seele entdeckt und es zu lieben beginnt, schmelzen die Fettmassen wie Schnee in der Sonne. Auf einmal wird dieser ewig Ungeliebte geliebt, braucht also den Panzer nicht mehr. Es kommt durch die Liebe so viel Gutes in sein Leben, daß er auf das Essen völlig vergißt, und er beginnt nun auch, sich selbst zu mögen.

Bevor Sie also eine Diät anfangen, fragen Sie, ob Sie sich selbst genug lieben. Warten Sie nicht auf den anderen, der Sie zu lieben beginnt, sondern beginnen *Sie* damit!

Sich selbst zu achten, anzunehmen und zu mögen, beginnt damit, daß man sagt: Ich schaffe mir ein Bild, wie ich sein will. Mein Ziel ist klar. Ich bin ab heute auf dem Weg dorthin. Es gibt keinen Zweifel.

Praktizierte Eigenliebe

In der Praxis ist das so: Sie lesen eine Stellenausschreibung. Ein Konzern sucht eine Empfangsdame. Spontan denken Sie: »Das wäre ein Job, den ich gerne hätte.« Ihr altes Denkmuster fügt dem aber sofort hinzu: »Vergiß es, den Job bekommst du nie im Leben. Dazu bist du nicht schön und gewandt genug.«

Hier setzen Sie die Gedankenkontrolle in Marsch. Sie korrigieren sich umgehend: »Ich bin eine attraktive und gewandte Dame und habe Ausstrahlung. Ich bin dieser Aufgabe gewachsen. Also bewerbe ich mich.« Sie können viel mehr als Sie glauben!

Ein besonders interessantes Beispiel erlebte ich mit einem jüngeren Mann, der ein wirklich gewandter Formulierer war, dessen Stimme jedoch sofort zu einem Krächzen wurde und ihm versagte, wenn er vor Hörern sprechen mußte. Er erzählte mir: »Ich habe ein Riesenproblem mit meiner scheußlichen Stimme. Ich mag diese Fistelstimme ja selbst nicht hören. Ich glaube, ich gebe meinen Beruf (im Lehrfach) auf. Wenn mein eigenes Ohr schon beleidigt ist, sobald ich zu sprechen beginne, wie kann ich das anderen Menschen zumuten. Überdies versagen mir die Stimmbänder sowieso zumeist nach einer halben Stunde Vortrag den Dienst, und niemand versteht mich mehr. Auch Sprechunterricht half nicht – ich habe eben ein unmögliches Organ.«

Ich fand im Zwiegespräch nichts Unangenehmes an seiner Stimme. Er vergaß während dieser Zeit, daß er seine Stimme nicht mochte. Er lachte zwar über meinen Rat, seine Stimme als einen Teil seiner Persönlichkeit zu lieben, doch er sagte sich jeden Tag brav vor, daß er seine Stimme gerne mag, sie wundervoll und angenehm findet und seine Hörer sie auch so empfinden. Es hat geklappt –

er hat zu seiner normalen Stimme gefunden, und sie versagt ihm auch nicht mehr. Es ist ihm zwar noch immer unbegreiflich, was da in ihm vorging, aber er sagt heute: »Seit ich meine Stimme mag, habe ich überhaupt mehr zu mir gefunden. Daß meine Stimme mit Selbstakzeptanz zu festigen ist, hätte ich nie für möglich gehalten.«

Wenn Sie sich als häßlich empfinden, dann werden Sie häßlich sein und es auch bleiben. Denn Sie werden nichts tun, was Sie als Persönlichkeit strahlender erscheinen läßt.

Persönliche Ausstrahlung

Ich finde schon, daß gewisse Äußerlichkeiten wichtig sind: Jeder Mensch kann und sollte gepflegt sein. Ein Schönheitsfehler, der Sie sehr stört, kann vielleicht durch die Chirurgie behoben werden, aber kein Schönheitschirurg der Welt kann Ihnen Ausstrahlung verleihen. Glauben Sie mir, eine Persönlichkeit zu sein und das zu besitzen, was ich Charisma oder Ausstrahlung nenne, ist tausendmal mehr wert als Schönheit. Es gibt faszinierende Damen im sehr reifen Alter, neben denen jedes noch so schöne Mädchen blaß wirkt. Diese Frauen haben einen »persönlichen Magnetismus«. Man kann das auch Anziehungskraft nennen.

Ich habe einen besonderen Freund. Er ist ein einfacher Mensch, war jahrelang mein Mitarbeiter und wurde mir, so wie vielen anderen Menschen, die ihm begegnen und ihn kennenlernen, zu einer Quelle, die Zuneigung, Freundschaft und seelischen Halt bietet. Willi kommt wohin, niemand kennt ihn dort, und doch faßt jeder sofort Vertrauen, spürt, daß von ihm etwas »Wundersames« ausgeht.

Charisma und das »innere Strahlen«

Man kann Charisma lernen, trainieren und in sündteuren Kursen kaufen. Trotzdem gibt es etwas, das Ihnen niemand geben kann: das innere Strahlen.

Zuerst einmal möchte ich erklären, womit Charisma nichts zu tun hat: Es hat nichts mit Fleiß und Anstrengung zu tun, es hat nichts mit körperlichen Merkmalen zu tun, nichts mit Moral, nichts mit Intelligenz, nichts mit Intellekt, nichts mit einer tollen Stellung, nichts damit, ob wir »sexy« sind oder nicht, und auch nichts damit, ob man ein guter Mensch ist.

Mit einem hat Ausstrahlung auf jeden Fall zu tun: damit, daß man *selbst-bewußt* sein muß.

Gehen wir davon aus, daß wir Energien brauchen, um zu existieren. Wir haben nun entweder zu wenig Energie (dann werden wir übersehen), oder wir haben zuviel Energie (dann wirken wir überdreht), oder wir haben die *richtige Menge an Energie* – dann können wir innere Energie jederzeit nach außen strahlen lassen.

Charisma ist also Ausstrahlung, die von innen kommt und so stark ist, daß sie sich auf andere überträgt. Es ist eine Ausstrahlung, die magnetisch anzieht und die die Betreffenden – auch ohne daß er oder sie sprechen muß – aus der Menge heraushebt. Was man als Heiligenschein bezeichnet, ist also nur die Ausstrahlung der inneren Energie, der Aufbau einer magnetischen Aura, das Charisma.

Ich meine, daß dieses innere Strahlen nur dann auf Menschen anziehend wirkt, wenn es aus dem Herzen kommt. Antrainiertes Strahlen »zieht nicht an«, sondern »wirkt«. Um so mehr Sie sich innerlich verändern, harmonischer werden, desto größer wird Ihre Anziehungskraft – dann suchen die Leute Ihre Nähe, weil sie sich bei Ihnen wohl fühlen.

Was können wir mit dem Verstand für unser Charisma tun?

1. Gehen Sie Konfrontationen nicht aus dem Weg. Bewahren Sie aber immer Haltung, Gelassenheit und Verbindlichkeit. Riskieren Sie ruhig, abgelehnt zu werden – hinterlassen Sie aber einen bewundernswerten Eindruck.

2. Bewahren Sie Haltung! Gehen Sie aufrecht! Schultern nicht hochziehen, Wirbelsäule gerade halten, Schultern und Arme locker nach unten fallen lassen. Ein Forschungsergebnis besagt: Leute mit Charisma halten den Blick beim Gehen über der Horizontlinie – das hebt das Lebensgefühl.

3. Lernen Sie, Entscheidungen zu treffen! Ewig aufgeschobene Entscheidungen blockieren Ihre Kraft, machen Sie unzufrieden. Entscheiden – und dabei bleiben. Auch eine scheinbar falsche Entscheidung bringt Sie weiter. Unentschiedenheit lähmt und mindert das Selbstbewußtsein.

4. Niemand, der Charisma hat, fühlt sich ständig als Opferlamm! Ein charismatischer Mensch übernimmt für das, was er tut und was ihm widerfährt, die Verantwortung.

5. Werden Sie sich klar über das, was Sie sich wünschen – und stehen Sie dazu. Richten Sie Ihre Gedanken immer auf das Positive, das Sie erreichen wollen, und nie auf das Negative, das Sie vermeiden müssen!

6. Lernen Sie, klar zu reden; geben Sie klare Signale; lassen Sie sich keine Hintertürchen offen. Feig herumzureden, vage zu sein schadet Ihrem Charisma mächtig! Denn – wie innen, so außen: Wer sich nach außen klar zeigt, gewinnt auch innerlich mehr Klarheit.

7. Lernen Sie, richtig zu atmen und mit dem Atem richtig umzugehen. Wenn wir in Streß- oder Angstsituationen

kommen, atmen wir sofort flach und blockieren damit unsere Kraft. Sie üben, dorthin zu atmen, wo Ihre Anspannung sitzt. Zumeist ist es unser Sonnengeflecht oder der Bauch (mir ist so flau im Magen; ich habe Schmetterlinge im Bauch). Lernen Sie das langsame, tiefe Durchatmen so gut, daß Sie es in Streß- und Angstsituationen automatisch tun. So lockern Sie Ihre Kraftblockade, und die Energie kann wieder fließen.

Es ist ganz schön viel, was Sie zu tun haben, um eine strahlende Persönlichkeit zu werden – und ganz leicht ist das alles nicht! Aber es ist nur ein Teil des Weges dorthin.

Das innere Feuer

Der geistige Teil, um zu Ausstrahlung zu kommen, ist ein Bewußtwerdungsprozeß. Voraussetzung dafür sind Energien, die fließen. Sie können aber nur dann fließen, wenn wir richtig atmen und unsere Ängste loslassen. Wenn Sie sich bewußtmachen, daß Angst nie zur Erleichterung einer Situation beiträgt, können Sie vielleicht leichter davon lassen. (Im 5. Kapitel versuche ich, Ihnen zu helfen, Ihre Ängste zu überwinden.)

Da Ausstrahlung ein inneres Feuer ist, das nach außen strahlt, müssen wir dieses innere Feuer einmal richtig zum Brennen bringen. Das tun wir aber erst dann, wenn wir nicht dauernd dazu neigen, jedes größere Flämmchen gleich zu ersticken, weil wir Angst davor haben, daß ein Feuer ausbricht. Das kann ein Feuer der Liebe, der Freude, der Wut, des Hasses, also ein Feuer der Leidenschaften sein.

Dazu lernen Sie, Ihre Emotionen unter Kontrolle zu halten – oder diese gescheit abzureagieren. Also nicht vor Kummer gleich in den Fluß springen oder vor Wut Gift und Galle speien! Sie bringen Ihren Geist in Ordnung, gehen auf Probleme bewußt ein und tun die notwendigen Schritte.

Wenn Sie innerlich klar und rein sind, sind Ihre Energien im Fluß. Dann können Sie sich mit Licht und Kraft füllen, Ihr inneres Feuer entfachen – und erst dann sind Sie wirklich eine »strahlende Persönlichkeit«!

Ich habe es bis jetzt nur hier und da zu einem kleinen Strahlen gebracht – unter dem Motto: Ein bißchen Charisma ist ein guter Anfang – es muß ja nicht gleich ein Heiligenschein sein.

Eine schöne Frau kann viel Herzenswärme haben, sehr intelligent sein und wirklich Charisma haben – nur, sie hat es oft schwerer als normale Frauen, da man zuerst ihre Hüften und ihre Beine ins Auge faßt. Ihre inneren und geistigen Werte hat sie erst unter Beweis zu stellen.

Schöne Männer haben es noch schwerer als schöne Frauen. Ein schöner Mann muß schon sehr gescheit und charismatisch sein, damit man nicht – unsere falschen, festgefahrenen Gedankenmuster! – schön mit dumm assoziiert.

Schönheit oder Persönlichkeit?

Werden Sie zu einer Persönlichkeit
und pflegen Sie Ihren Stil,
das heißt, bleiben Sie sich treu –
das ist das Wichtigste!

Können Sie mir sagen, was häßlich ist? Ich empfinde es als störend, wenn ein Mensch nicht sauber ist, schlechte

Manieren hat, rücksichtslos und unhöflich zu seinen Mitmenschen ist – das sind Unsitten, die umgehend behoben
gehören. Das ist jedoch nicht häßlich.

Häßlich kommt von Haß! Hassen Sie einen Menschen,
weil er ein anderes Gesicht hat als Ihr Schönheitsidol?

Es gibt so viele unglückliche Schönheiten und so viele
zutiefst glückliche Menschen, die keinesfalls perfekt aussehen. Diese Menschen lieben sich, strahlen, sind mit sich
und der Welt zufrieden, nehmen sich an, wie sie sind und
werden geliebt.

Strahlen Sie Liebe aus, werden Sie geliebt.

Also, warum tun Sie es nicht? Darum:

Nehmen Sie sich ab heute uneingeschränkt an.

Seien Sie nicht dauernd mit Ihrem Aussehen unzufrieden,
sondern entwickeln Sie sich: zu einer Persönlichkeit –
wenn es geht mit Ausstrahlung! Unterlassen Sie den Vergleich mit Berufs-Schönheiten. Die wären oft gerne wie
Sie!

Es ist falsch zu sagen: »Okay, jetzt bin ich gut genug, so
mag ich mich einigermaßen. Deshalb bleibe ich mein
Leben lang so.« Sie sollen sich annehmen, so wie Sie jetzt
sind – mit Ihren Grundanlagen und Ihrem Aussehen! Dazu
ist es gut sich weiterzuentwickeln und an sich zu arbeiten,
denn dann werden Sie zum Ebenbild Ihrer liebevollen
Gedanken. Sie werden zu der höchsten Vision, die Sie von
sich haben.

Denken Sie sich liebevoll und handeln Sie liebevoll,
dann wird man Sie für einen
liebevollen Menschen halten.
Sie werden liebevolle Menschen anziehen.

Denken Sie sich erfolgreich,
dann handeln Sie erfolgreich,
dann hält man Sie für erfolgreich.
Sie werden erfolgreiche Menschen anziehen.

Erkennen und handeln Sie nach dem Sinn des Bibelwortes:

»Wie ein Mensch denkt, so ist er.«

Werden Sie »selbst-bewußt«

Wenn man sich selbst achtet, ist man auch in der Lage,
sich zu vergeben. Man steht zu seinen Fehlern. Man weiß,
daß man nicht aller Weisheit Blüte ist, noch viel zu lernen
hat, und man wird sich seiner Fehler und Schwächen
bewußt, gesteht sich Fehler als Lernprozesse zu und ist
bereit, daraus zu lernen. Man erkennt Unrecht, das man
einem Mitmenschen antut, und eine Entschuldigung wird
zu einer selbstverständlichen Geste, die nicht schwerfällt.
Sagen Sie sich öfter, ganz innig, vor:
   Ich mag mich – trotz meiner Unvollkommenheit!
   Ich verzeihe mir meine Fehler – die ich gemacht habe
   und immer wieder machen werde.
   Ich verzeihe mir, wie ich früher gehandelt habe. Ich
   verzeihe auch meinen Mitmenschen.
   Ich nehme mich an – aber ich nehme auch meine
   Mitmenschen an. Ich mag mich, so wie ich bin.
Vergessen Sie nicht: Sie schulden sich mindestens ebenso-
viel Fürsorge und Aufmerksamkeit, wie den anderen.
Machen Sie nicht den verhängnisvollen Fehler, sich von
der Meinung oder der Vorstellung eines anderen Men-
schen (sehr oft ist das der Partner) abhängig zu machen.

Bleiben Sie Ihrer Persönlichkeit treu,
denn Sie haben diesen Menschen
durch Ihre Einmaligkeit angezogen.

Es ist sehr traurig, wenn eine Frau nur noch das tut, was ihr Mann von ihr – angeblich – erwartet. Es ist der sicherste Weg, für einen Menschen uninteressant zu werden. Eigenes Wertgefühl zu haben bedeutet auch, daß Sie zu sich sagen:

»Ich bin es wert, geliebt zu werden.«

»Ich bin es wert, so und so viel zu verdienen.«

»Ich bin es wert, diese Anstellung zu erhalten.«

»Ich bin es wert, als Gesprächspartner ernst genommen zu werden.«

Seien Sie sich Ihrer Einmaligkeit und Ihres Wertes bewußt – und die Welt wird sich Ihrer Einmaligkeit und Ihres Wertes bewußt werden.

5. Kapitel

Im 5. Kapitel lesen Sie,

- wie Sie Ängste überwinden

- was klassische Angst-Orte sind

- daß Angst das befürchtete Ergebnis anzieht, denn »jeder Gedanke hat das Bedürfnis, sich zu manifestieren«

- daß Vertrauen das beste Mittel gegen Angst ist

- warum Angst krank machen kann

- wie Partnerschaftsängste überwunden werden

- daß die Angst vor den Jahren unbegründet ist

- wie Sie mit der Angst vor dem Tod umgehen

Ängste überwinden

Jedem von uns stand schon der »Angstschweiß« auf der Stirn, oder die Angst »saß uns im Nacken«. Wir alle kennen das Gesicht und das Gefühl der Angst.

Ich meine, daß Angst ihren Platz in unserem Leben durchaus haben soll, wenn sie als Warnung vor falschen Handlungen dient und uns damit vor Schaden, zum Beispiel körperlichem Schaden, bewahrt. Dieser gesunde Instinkt soll bleiben – aber das, was Sie fertig macht, all Ihre Handlungsweisen beeinflußt, Ihre Lebensfreude zerstört und manche Menschen das ganze Leben hindurch als dunkler Schatten begleitet, das sollten Sie zu überwinden lernen.

Beginnen Sie damit, daß Sie sich klar werden, wovor Sie Angst haben. Versuchen Sie ehrlich zu sein, denn damit beginnt der Lernvorgang. Wenn Sie meinen: »Ich habe vor niemand und nichts Angst«, dann beglückwünsche ich Sie. In meinem Leben tauchen immer wieder Ängste auf; in einem solchen Fall setze ich mich hin und denke nach: »Was macht mir an dieser Situation Angst?«

Ich erinnere mich an meine Kindheit, wo viele Ängste, notwendigerweise und unnötigerweise, in mein Unterbewußtsein eingespeichert wurden: Angst vor Bomben, Angst davor, daß mein Vater nicht aus dem Krieg heimkommen würde, Angst vor den Russen, Angst davor, nicht genug zum Essen zu haben ... Ich muß sagen, daß ich meine Kinderjahre noch lange mit dem Geräusch der Sirenen und der Explosion von Bomben in Verbindung brachte. Ich hörte – mit meinem inneren Ohr – noch lange Zeit meinen Schrei, als ich als Fünfjährige mitansehen mußte, wie russische Besatzungssoldaten meine Mutter mitnahmen. Ich schrie laut und leidvoll, da ich die Gefahr, in der sich meine Mutter befand, instinktiv wahrnahm. Als sie gerade auf den Lastwagen gestoßen wurde, erbarmte sich einer der Soldaten meiner herzzerreißenden Laute und Schluchzer und stieß sie zurück. Eine andere Frau, die auch mitgenommen wurde, kam nicht mehr nach Hause. Ich habe lange gebraucht, die Angst vor dem Verlassen-Werden abzulegen.

Die klassischen Angst-Orte

Dann kam die Schule und damit die Angst vor Prüfungen, Schularbeiten – und vor einem Lehrer, den ich nicht mochte. Ich war eine gute Schülerin. Wenn ich mit der Mathe-Klassenarbeit begann, zitterten trotzdem meine Knie, und meine Hände wurden feucht. Meine Eltern verstanden es nicht besser. Sie waren auf ihre einzige Tochter stolz, aber gleichzeitig wurde ein ungeheurer Druck auf mich ausgeübt, da mein Vater ständig die besten Noten erwartete. War es nicht so, gab es keine Strafe, aber vorwurfsvolle Blicke. Ich hatte Angst, nicht gescheit genug zu sein, um von meinen Eltern geliebt zu werden, und erhöhte meinen Leistungsdruck.
Es war mir eine gute Lehre, und ich habe es bei meinem Sohn immer unterlassen, wegen schlechter Noten ein

Theater zu machen. Auf diese Weise habe ich viel zu seinem Studienerfolg beigetragen.

Später kam die Angst im Berufsleben. Leider hatte ich als Buchhalterin zwei Jahre einen Chef, der die Arbeit sicher nicht erfunden hatte, von mir aber ein großes Arbeitspensum forderte. Er hatte genügend Zeit, meine Arbeit zu kontrollieren. Ich nicht. Entdeckte er einen Fehler, war er äußerst ungnädig. Natürlich kann eine falsche Buchung eine Lawine auslösen. Aber man muß wissen, daß ein Mensch, der lernt und unter Streß arbeitet, aus Angst Fehler macht. Angst blockiert jede Freude und verhindert ganz sicher Kreativität im Beruf.

Daraus habe ich gelernt, meinen Mitarbeitern nie ungerechtfertigte Vorwürfe zu machen, wenn Sie erst etwas lernen mußten. Das heißt natürlich nicht, daß ich für Fehler, die aus Dummheit, Faulheit und Desinteresse gemacht wurden, Verständnis zeigte. Aber ich wußte, wie man angemessen reagiert. Das wurde von allen Menschen, die meinen Arbeitsweg begleiteten akzeptiert, und da man meine Einstellung zu Fehlern kannte, haben sich alle meine Mitarbeiter immer bemüht, gut und verläßlich zu arbeiten.

Ich habe mich mit meinen Ängsten befaßt, daraus gelernt und glaube, daß ich mit neuen Ängsten, die hin und wieder auftauchen, sehr gut fertig werde.

Leider sind die Schule und der Arbeitsplatz noch immer Brutstätten der Angst – helfen Sie Ihren Kindern wenigstens mit Verständnis, und lassen Sie Schulängste dadurch kleiner werden. Wenn Sie Menschen auszubilden haben, machen Sie es mit Geduld, und denken Sie an Ihre eigene Lehr- oder Studienzeit zurück – Angst ist sicher der schlechteste Lehrmeister.

Unser Leben begleiten eine ganze Menge von Ängsten, zu den »berühmtesten« gehören sicherlich:

- Angst vor Krankheit,
- Angst den Partner zu verlieren,
- Angst vor Unfällen,
- die Existenzangst,
- die Angst vor dem Alter,
- die Angst vor dem Tod.

Von den kleinen Ängsten, wie denen, sich zu blamieren oder falsch verstanden zu werden, und sonstigen Ängsten, die mit unserem Ego zusammenhängen, kann man sich wunderbar mit meinem Rezept, das ich Ihnen zum Schluß dieses Kapitels verrate, befreien.

Angst zieht das befürchtete Ergebnis an

Diese Weisheit ist eine Tatsache. Wenn Sie überlegen, daß der dauernde Gedanke »Hoffentlich verliere ich nicht meinen Arbeitsplatz« (den ich im 3. Kapitel »Gedankenkontrolle und das Loslassen der Vergangenheit« durchgespielt habe) Sie bestimmt in Ihrem Leben nur behindert, aber keinesfalls fördert, dann ist es schon sehr wichtig, mit seinen Ängsten richtig umgehen zu können.

Als ich nach meinem Bandscheibenvorfall dauernd Angst hatte zu fallen, fiel ich oft zweimal am Tag hin. Die ewige Vorsicht brachte mich zu Fall. Dann überlegte ich mir, daß die ganze Angst mich ja nur steif und verkrampft werden läßt, nahm den fatalistischen Standpunkt ein: Wenn es sein soll, geschieht es ohnehin – und aus war es mit dem Fallen. Lassen Sie die Angst los: Lockere Knie sind besser als steife Knie – in jeder Situation!

Lassen Sie sich von der Freude leiten, und vergessen Sie die Angst, dann hat das Verkrampftsein keine Chance.

Jeder Gedanke hat das Bedürfnis,
sich zu manifestieren.
Jeder Gedanke hat Macht über unser Leben –
wenn wir ihm Macht einräumen!

Deshalb: Räumen Sie Ihren Ängsten nicht die Macht ein »zu glauben«, daß Ihnen etwas zustoßen könnte, Sie krank werden könnten, Ihnen der Partner davonlaufen könnte oder Sie für ihn nicht gut genug sein könnten, Sie im Alter einsam sein könnten und so weiter . . .! Sie werden es nicht sein, wenn Sie den Gedanken daran erst gar nicht denken. Das heißt, Sie räumen diesem Gedanken keine Macht ein! Eine Lektion lernte ich, als mein Sohn zu studieren begann. Er fuhr einige Jahre nachts sehr viel mit dem Auto. Anfangs habe ich diese Nächte durchwacht, alle möglichen Unfallsituationen vor Augen.

Eines Tages erzählte ich einem Freund davon. Er sagte: »Wenn du dich bis ein Uhr nachts im Bett herumwälzt und dir um deinen Sohn Sorgen machst, glaubst du, daß du damit einen Unfall verhindern wirst?« Ich sprach mit meinem Sohn darüber. Er gab mir folgende Antwort: »Weil ich gesund nach Hause kommen will, passe ich auf und fahre vorsichtig. Manchmal fahre ich trotzdem zu schnell. Das ist dann, wenn ich deinetwegen früher daheim sein will. Ich weiß, du wartest voller Angst. Würdest du endlich aufhören, auf mich zu warten, hätte ich mehr Gelassenheit. Dadurch würde die Unfallgefahr sicher kleiner.« Es war so einleuchtend – und fortan wartete ich nicht mehr. Ich hatte diese Angst abgelegt.

Weiß ich heute einen mir nahestehenden Menschen unterwegs oder in einer kritischen Situation, bete ich für ihn und sage einfach: »Lieber Gott, paß auf den oder die auf.« Es hat bis heute gut funktioniert.

Vertrauen – das beste Mittel gegen Angst

Ich legte mir ein unerschütterliches Vertrauen zu. Egal, ob ich fliege, Auto fahre oder sonst etwas unternehme: Wobei mich früher tausend Ängste plagten, bin ich jetzt ruhig und entspannt. Früher litt ich unter Flugangst und horchte stundenlang, ob ich nicht ein Geräusch vernehmen würde, das den nahenden Absturz ankündigt. Hätte ich es vernommen, wäre meine Macht, die Situation zu verändern, gleich Null gewesen. Heute genieße ich jeden Flug. Ich bitte vorher um Schutz und lasse die Angst los. Es lebt sich so viel einfacher und schöner.

Das Sprichwort »Wer sich in Gefahr begibt, der kommt darin um« hat seine Berechtigung. Ich fordere keine Gefährdung für mein Leben heraus. Natürlich gehe ich nicht ständig bei Rot über die Kreuzung, denn ich unterscheide genau zwischen Dummheit und Gefahr.

Wenn Sie vor der sogenannten »schlechten Nachrede« Angst haben, kann ich Ihnen nur den Rat geben: Pfeifen Sie darauf! Es ist so wichtig, daß Sie *Ihr* Leben leben und nicht das, welches der Nachbarin gefällt. Es sollte Ihre geringste Sorge sein, daß sich jemand den Mund über Sie zerreißt.

Keinem Elementarereignis, sei es ein verheerender Sturm, Blitzschlag, Hochwasser, Feuer, ein Erdbeben, können wir mit Angst beikommen. Diese Mächte können wir nicht verhindern, nicht verändern. Was uns hier zu tun bleibt, ist Vertrauen in die schöpferische Führung zu haben und um Schutz zu bitten.

Ist es für uns Zeit, das Leben zu beenden, wird die Angst uns nicht vor dem Sterben bewahren – dann wird es so sein.

Krank vor Angst

Angst vor Krankheit ist für viele ein lebenslanger Begleiter. Das ist traurig – und nimmt fallweise komische Ausmaße an. Ich kenne Leute, die in den Medien hören: »Der XY-Grippevirus kommt auf uns zu.« Von diesem Moment an messen sie täglich ihre Temperatur und halten jeden Morgen Ausschau nach einem beunruhigenden Zungenbelag. Endlich bekommen sie ihre Grippe und sagen dann triumphierend: »Egal, ob ich mich impfen lasse oder nicht, wenn eine Grippewelle kommt, bin ich einer der ersten, der liegt.«

Ich bin auch manchmal verkühlt, aber ich lehne es entschieden ab, Grippe zu bekommen, weil mein Mann eine hat oder eine Welle aus Asien im Anrollen ist. Denken Sie einmal, was das Personal eines Krankenhauses zu erleiden hätte, wenn es alle Bazillen der Patienten brav übernehmen würde! Den Gedanken der Ansteckung in diesem Fall weiterzuspinnen, ist sehr amüsant, denn in kürzester Zeit bestünde jedes Krankenhaus nur noch aus Kranken, die sich letztendlich selbst behandeln müßten, denn das neue Pflegepersonal würde sich ja auch wieder anstecken ...

Ich weiß, daß ich krank werde, wenn ich in Disharmonie mit meiner Seele lebe. Ich habe es mir angewöhnt, über die »Be-deutung« einer Krankheit in dem Buch »Krankheit als Weg« von Thorwald Dethlefsen und Rüdiger Dahlke nachzulesen. Ich setze mich hin und denke nach. Wenn ich ganz ehrlich zu mir bin, komme ich der Ursache bald auf die Spur. Habe ich sie erkannt, versuche ich die Angelegenheit ins reine zu bringen. Wenn ich wieder im Einklang mit mir bin, werde ich gesund – ich weiß es ganz sicher.

Jahre hindurch hatte ich ständig Kreuzschmerzen. Ich bekam unzählige Spritzen und Tabletten, auch Bäder halfen immer nur eine gewisse Zeit. Hätte mir damals jemand gesagt, daß wir für Erkrankungen immer zuerst seelische Ursachen setzen, hätte ich es nicht geglaubt. Ich wußte, daß mein Leben nicht in Ordnung war, aber ich brachte es nie mit meinem Bewegungsapparat in Zusammenhang. Ich verstand die Warnsignale meines Körpers nicht, und da ich nicht hören wollte, bekam ich die Folgen in Form von Krankheiten zu spüren. Als ich mit massiven Lähmungserscheinungen im Krankenhaus lag, brachte mir mein Sohn das oben genannte Buch. Ich las das Kapitel über den Bewegungsapparat, das heißt speziell die Be-deutung von »Bandscheibenschäden und Ischias«, mindestens fünfmal. Hätten mich die Autoren als Studienobjekt gehabt, wäre die Beschreibung meiner seelischen Situation und meiner »Über-Lastung« nicht treffender gewesen.

Ich erkannte, was zu meiner Krankheit geführt hatte, und begann, »Last von den Schultern fallen zu lassen«. Es war nicht sehr schmeichelhaft, was die Autoren über die fehlenden Gefühle (Selbstwert, Eigenliebe) und über die innere Fehlhaltung schrieben, und ich begann, gründlich über mich und meine Lebenssituation nachzudenken. Auf jeden Fall wurde mir bewußt, was zuerst in Ordnung zu bringen war. Ich begriff den tieferen Sinn und die Botschaft meiner Krankheit. Es war ein langer Genesungsprozeß, denn ich hatte viele Monate ein lahmes Bein. Zweifel, daß es nicht so bleiben würde, erlaubte ich mir nie. Ich setzte mir Ziele: In sechs Monaten will ich wieder normal gehen. Nach weiteren sechs Monaten will ich wieder joggen. Nach weiteren sechs Monaten will ich skifahren und so weiter. Ich erreichte alles. Dazu tat ich zwei Dinge: Ich veränderte mein Denken und meine Lebensweise. Ich machte täglich zwanzig Minuten Wirbelsäulengymnastik, die ich mir selbst zusammenstellte, selbst auf Kassette sprach und mit anregender Musik unterlegte. Ich nahm keine Medikamente mehr.

Heute turne ich noch immer regelmäßig, hier und da urlaube ich eine Woche auf Ischia und bade in Thermalwasser. Aber ich springe gleich danach in 20 Grad kaltes Meerwasser. Ich kenne keine Kreuzschmerzen mehr, und nichts ist lahm an mir. Was jedoch genauso wichtig ist: Ich halte mich nicht mehr für unersetzlich und vermeide es, mir zu viel aufzuladen. Ich weiß, daß mich das Leben unterstützt, und bemühe mich, zu mir selbst gut zu sein und mich zu mögen.

Ich räume Gedanken über Krankheit
keinen Platz in meinem Leben ein.
Die Angst, krank zu werden, ist mir fremd!

Bekomme ich wieder einmal eine Botschaft – sprich ein Unwohlsein, so nehme ich selbstverständlich die Humanmedizin (im Sinne von humaner Medizin) zu Hilfe, arbeite mit meiner eigenen Gesundheitsvorsorge und glaube fest an meine Genesung. Es ist ein sehr gutes Rezept!

Sterben müssen wir alle, aber wir haben zu Lebzeiten unser Wohlbefinden sehr in unserer Hand – vor allem in unserem Geist. Inzwischen bin ich sicher, daß ein glücklicher Mensch, bei dem Körper, Geist und Seele in vollkommener Harmonie sind, nie eine schwere Krankheit bekommt.

Vielleicht können Sie sich an eine Zeit erinnern, während der Sie glücklich verliebt waren – da waren Sie bestimmt fidel und gesund. Egal wie alt man ist, da hat niemand Zeit angstvoll zu beobachten, ob es irgendwo zwickt. Da hatten Sie viel zu schöne innere Bilder – da hat der Körper keine Chance krank zu werden.

Partnerschaftsängste

Ängste im Bereich der Partnerschaft sind ein ständiger Horror. Das ist größtenteils durch die fehlende Eigenliebe und Wertschätzung bedingt. Der zweite Grund, der sich aus dem ersten ergibt, ist das berühmte »Klammern« und/ oder die entsetzliche Eifersucht. Wenn Partner einsehen würden, daß jeder, der umklammert wird, bis er keine Luft mehr zum Atmen hat, bestrebt ist, sich aus dieser Umklammerung zu befreien, wären viele Ehen oder Gemeinschaften zu retten.

Ich möchte Ihnen raten: »Lassen Sie los! Werden Sie selbstbewußt und lieben Sie sich – dann werden Sie ein liebenswerter Partner, dem niemand davonläuft!« Sind Sie ständig von der Angst geschüttelt, daß Ihr Partner Sie verläßt, dann wird es so sein. Sie ziehen mit Ihren Gedanken und Handlungen das Ereignis an. Wenn Sie zu diesen Fällen gehören, lesen Sie den Abschnitt: Praktizierte Eigenliebe im 4. Kapitel so lange durch, bis Sie kapiert haben, daß Sie einmalig und liebenswert sind – und fangen Sie sofort damit an, Ihre Minderwertigkeitskomplexe abzulegen, sich zu schätzen und zu lieben.

Entlassen Sie Ihren Partner aus der Umklammerung und bleiben Sie fest in dem Glauben, daß Sie alle Liebe und Zuneigung bekommen werden, die Sie wollen. Wenn es nicht gerade dieser Mensch ist, dann wird die Allmacht Sie bestimmt mit einem anderen »Richtigen« zusammenführen. Für jeden von uns gibt es eine Dualseele, die genauso auf das Zusammentreffen wartet wie Sie. Glauben Sie daran, und vergessen Sie Ihre Partnerschaftsängste. Laufen Sie dem Liebesglück nicht ständig suchend hinterher – machen Sie es wie eine Blume, die sich doch auch von der Biene finden läßt! Oder haben Sie schon einmal eine Blume erlebt, die der Biene nachfliegt?

Angst vor den Jahren?

Angst vor dem Altern – nicht vor Falten wohlgemerkt, sondern davor, hilflos, einsam und krank zu werden, kann man bekämpfen, indem man Vertrauen in das Leben hat oder zu Gott oder wie immer Sie nennen mögen, was uns erschaffen hat. Viele alte Menschen sind nicht ganz unschuldig an ihrer Einsamkeit. Sie sind rüstig und könnten anderen, noch Berufstätigen eine große Hilfe sein. Sie könnten Kinder beaufsichtigen und mit ihnen lernen, kranke Menschen betreuen, sich geistig betätigen, in Clubs gehen – kurz, sich einfach aktiv am Leben beteiligen.

Mit der traurigen Einstellung: »Wenn ich nicht mehr im Berufsleben stehe, tauge ich zu nichts mehr« oder »Wenn ich nicht mehr meine tolle Position, die ich im Leben hatte, einnehme, dann bin ich nichts mehr« (beachten Sie, daß diese Menschen Beruf mit Leben gleichsetzen!) speichern Sie Jahre vor dem Ruhestand diese Ängste in Ihrem Unterbewußtsein.

Machen Sie sich wieder klar: Bis in ein paar Jahren schaffen Sie die Verwirklichung Ihrer Ängste schon, wenn Sie so weitertun. Können Sie sich nicht vorstellen, daß das Alter etwas Wunderschönes ist? Planen Sie diese Zeit des »Zeithabens für vieles, für das Sie bis dahin nie Zeit hatten« liebevoll und voller Erwartung. Es werden bestimmt herrliche Jahre.

Wenn ich sage: »Ich will hundert Jahre alt werden, damit ich all das, was ich hier noch tun möchte, auch tun kann«, werde ich oft milde belächelt. Nicht alle, aber viele meiner Bekannten verstehen meinen Streß nicht, den ich mir »auflade«. Ich würde ihnen gerne erklären, wie wundervoll belebend diese Arbeit, die ich mir »jetzt wieder angetan habe«, ist. Meine Motivation heißt: Spaß und Freude! Ich meine das ehrlich und aufrichtig.

Todesangst

Menschen, die entsetzliche Angst vor dem Sterben haben, tun mir besonders leid. Weil sie glauben, daß mit dem Tod »alles aus ist«, macht ihnen das Loslassen des Lebens ausgesprochene Angst. Unausgesprochen bleibt dabei, daß Sie nichts mit ins Grab nehmen können. Jene, die daran glauben, daß unser Geist unsterblich und unser Körper nur Materie ist, die wir brauchen, um hier zu existieren, kennen Todesangst nicht.

Das Sterben meiner Mutter, die viermal klinisch tot war, bevor sie endlich ihre Ruhe fand, war für mich ein erschütterndes Erlebnis und eine Offenbarung. Nach einer komplizierten Herzuntersuchung (vor der ich niemandem Angst machen will) hatte sie den ersten Herzstillstand, dem drei weitere folgten. Durch den Einsatz eines Elektroschockgerätes wurde sie immer wieder reanimiert (wiederbelebt). Beim vierten Einsatz des Gerätes brach man ihr das Brustbein. Sie lag danach vierundzwanzig Stunden im Koma. Niemand glaubte, daß sie ins Leben zurückkommen würde. Ich saß die ganze Zeit bei ihr, sprach mit ihr und nahm innerlich Abschied. Aus Übermüdung schlief ich einige Stunden. Als ich aufwachte, traute ich meinen Augen nicht. Es war Morgen, meine Mutter hatte die Augen geöffnet und weinte. Wir schauten uns an. Auch mir liefen Tränen übers Gesicht. Ich sagte leise: »Du bist glücklich, wieder da zu sein!« Sie nahm meine Hand und sagte: »Nein, ich bin traurig, daß ich wieder hierher zurück mußte!«

Ich möchte feststellen, daß meine Mutter eine sehr energische, realistische Frau war und der Glaube an das »Weiterleben nach dem Tode« bei ihr auf nicht viel Zustimmung gestoßen wäre.

Sie bat mich: »Sage den Ärzten, wenn ich wieder einen

Herzstillstand habe, will ich nicht mehr ins Leben zurückgeholt werden.« Ich gab den Wunsch meiner Mutter an den Klinikvorstand und die behandelnden Ärzte weiter. Man sprach daraufhin mit ihr und einigte sich nach ihrer eindringlichen Bitte auf: »Keine Kampfmaßnahmen mehr.« Sie drückte jedem Arzt danach die Hand und bedankte sich.

Dann erzählte sie mir von ihrem Sterben: »Ich spürte deutlich, daß mein Leben dem Ende zuging. Einen kurzen Augenblick fühlte ich Angst – aber gleich darauf breitete sich Freude in mir aus. Ich sah Licht! Licht von einer Helle und Güte, die mich anzog. Ich ging dem Licht freudig entgegen und kam auf eine Wiese. (Meine Mutter war immer naturverbunden und liebte Hunde sehr.) Auf dieser blumenübersäten Wiese spielte eine Schar junger Hunde. Ich setzte mich zu ihnen ins Gras und wußte, jetzt bin ich tot. Trotzdem war ich sehr glücklich. Ich fühlte einen unbeschreiblichen Frieden und dachte: ›Warum hast du dich so vor dem Sterben gefürchtet?‹ Dann konnte ich beobachten, wie ich ins Leben zurückgeholt wurde, spürte die Schmerzen der Belebungsaktion und wurde in die Dunkelheit der Welt zurückgeschickt.« Sie erzählte mir Einzelheiten der Reanimation. An dieser Stelle begann sie zu weinen: »Es war so eng, dunkel und schwer dort, wohin ich zurück mußte, und ich wollte so gerne im Licht bleiben.« Sie nahm meine Hand und meinte: »Ich habe jetzt keine Angst mehr vorm Sterben, und du solltest auch keine haben. Es ist einfach, leicht und schön. Ich bin froh, daß ich dir das weitergeben kann.« Gott hat ihr zwei Monate später einen »Tod ohne Kampfmaßnahmen« vergönnt. Sie schlief einfach ein.

Während der PSI-Tagung 1993 in Basel ging es in erster Linie um das Thema »Jenseits«. Es gab wissenschaftliche Vorträge, die unglaublich klangen, aber durch Filme und

Tonbandaufnahmen belegt wurden. Es gab Gespräche in kleinen Gruppen mit Menschen, die selbst Jenseitserlebnisse hatten, und ich lernte einige bekannte Medien kennen. Ich erlebte die Arbeit dieser medial veranlagten Menschen. Es waren junge und ältere Damen und Herren, alle sehr gebildet und von einer Herzenswärme, die beeindruckend war. Es würde den Rahmen dieses Buches sprengen, davon weiter zu erzählen.

Für das Leben im »Hier und Jetzt« möchte ich Ihnen nun die versprochene praktische Hilfe anbieten, damit Sie die vielen kleineren Ängste leichter loswerden. Nehmen wir folgendes Beispiel:

»Ich gehe zu einem Vorstellungsgespräch.«
Ich habe Angst davor!

Sie verbinden damit Aufregung, nasse Hände, Herzklopfen, heiße Wangen – schlichte Angst eben. Mein Rat: Sie spielen diese Situation nicht nur im Geiste durch, sondern auch vor dem Spiegel. Stellen Sie sich Ihr Gegenüber vor, und denken Sie daran, daß es kein Interesse hat, Sie zu fressen. Nehmen Sie vielmehr an, daß Ihre Sicherheit und Ihr angenehmes Wesen auffallen werden und daß man Ihnen freundlich gesonnen ist. Glauben Sie daran, daß Sie die Stellung, wenn sie für Sie gut und richtig ist, bekommen werden. Üben Sie jeden Tag einschlägige Antworten. So vorbereitet, bringt Sie eine Frage, die Sie nicht eingeübt haben, auch nicht aus der Ruhe.

Tun Sie das für alle Situationen, die Ihnen bevorstehen und Angst machen. Egal, ob es sich um die Aussprache mit dem Freund, von dem Sie sich trennen wollen, oder um die Diskussion wegen des Haushaltsgeldes dreht, spielen Sie die Situation vorher durch. Man nennt das: Mentales Vorauserleben. Erfolgreiche Sportler sind Profis darin.

Wenn Sie Angst haben, vor Publikum zu sprechen, und davor, sich heillos zu blamieren – dann üben Sie Ihre Rede vor dem Spiegel und sagen Sie sich: »Ich bin gut. Ich kann es!« Sind später trotzdem einige Zuhörer der Meinung, Sie haben sich blamiert:

»Na und, davon geht die Welt nicht unter!«

Mit dieser Einstellung habe ich mir schon viele Ängste von der Seele gelacht.

6. Kapitel

Im 6. Kapitel lesen Sie,

- wie Sie innere Erfüllung erreichen

- was das »höhere Selbst« ist

- wie Sie Verbindung zu Ihrem höchsten Geist aufnehmen

- daß Sie Hilfe, um die Sie bitten, aus Ihrem höchsten Geist erhalten

- daß Sensibilität für den Kontakt wichtig ist

- wie Sie Ihre Lebensaufgabe erkennen

- wie Sie erkennen, welche Aufgabe Sie zum Ziel führt

- daß der Weg das Ziel ist

Wie erreiche ich innere Erfüllung?

Wenn ein Mensch sagt: »Ich bin erfüllt von der Schönheit und der Harmonie meines Lebens«, dann hat er eine Verbindung zur höchsten Intelligenz unseres Kosmos, zur Allmacht oder – für mich – zu Gott gefunden. Er ist eins mit sich und der Welt, hat den Sinn seines Lebens erkannt und verwirklicht sich. Um diese Stufe der Glückseligkeit zu erreichen, brauchen wir nicht hart an uns arbeiten, sondern liebevoll »mit uns arbeiten«, um über unser »höheres Selbst« die Göttlichkeit und Vollkommenheit in uns zu entdecken. Wir verstehen dann, daß wir einen unsterblichen Geist haben, und dieses Wissen wird alle unsere zukünftigen Handlungen beeinflussen.

Was ist dieses »höhere Selbst«?

Um an den Sinn dieses Begriffes irgendwie heranzukommen, möchte ich es schlicht und einfach

unseren inneren Führer

nennen. Wir könnten auch sagen, es ist »der Geist, der uns

beseelt« oder unser »göttlicher Funke«. Dieser höchste Geist ist jener Teil von Ihnen, der all die anderen Teile, das heißt Ihren vitalen und mentalen Körper, Ihr Wachbewußtsein und Ihr Unterbewußtsein, beobachtet. Verständlicher gesagt, es ist der Geist in uns, der uns hilft, Verstand und Gefühl zu unserem Besten einzusetzen.

Ganz bestimmt ist dieser höchste Geist, den wir auch als unser höheres Selbst bezeichnen, der äußerste Gegensatz zu unserem grobstofflichen, vergänglichen Körper.

So greifbar und nahe uns unser vitaler Körper ist, so völlig unfaßbar und unerreichbar erscheint uns diese Geistigkeit. Wir können sie nicht sehen und nicht anfassen, und doch ist sie machtvoller als unsere körperliche Kraft und der stärkste Wille. Alles, was aus unserem Verstand kommt, ist machtlos und schwach dagegen. Bedenken Sie, daß unser vitaler Körper hinfällig und vergänglich ist.

Unser Geist ist beständig und kraftvoll.

Er ist die unvergängliche Allmacht in uns und deshalb unser höchstes Gut, zu dem wir uns vertrauensvoll hinwenden sollen. Sie haben diesen höchsten Geist in sich bestimmt schon gespürt – ohne ihn bewußt zu erkennen.

Es gab in Ihrem Leben wahrscheinlich Situationen, in denen Sie »echte Begeisterung« packte oder in denen Sie »zutiefst ergriffen waren«. Falls Sie schon einmal die Empfindung hatten: »Ich bin mit ganzer Seele bei dieser Aufgabe oder Arbeit«, dann ist in diesem Moment Ihre Göttlichkeit zum Ausdruck gekommen.

Nehmen wir an, Sie arbeiten schon lange an einer Aufgabe. Sie wollen etwas an einer Maschine verbessern. Nachdem Sie sich lange Zeit vergeblich mühten, kommt die »zündende Idee«. Sie sind von dieser Entdeckung oder Verbesserung begeistert. Sie haben ihre körperliche Kraft,

Ihren Verstand und alles Wissen, das in Ihrem Unterbewußtsein gespeichert ist, Ihrem höchsten Geist unter-
stellt – und dann ist Ihnen »ein Licht aufgegangen«.

Wenn Künstler, zum Beispiel Komponisten, ein Musik-
stück schreiben, Maler ein Gemälde schaffen, Poeten ein
Gedicht schreiben, tun sie etwas, das vielen Menschen
Freude bringt. Sie sind von ihrer Sendung, ihrer Kreativität
beseelt.

Im Akt der Schöpfung nimmt jeder Mensch Verbindung
mit seinem höheren Selbst auf.

Oder einfacher: Wenn Sie nach großer körperlicher Anstrengung den Gipfel eines Berges erstiegen haben und Sie
sehen die Weite und Schönheit um sich herum, fühlen Sie
sich vielleicht Gott sehr nahe. Dann sind Sie eins mit der
Allmacht – durch Ihren höchsten Geist. Die liebevolle, oft
mahnende, warnende Stimme unseres höheren Selbst
überhören wir leider zumeist, oder wir hören sie sehr
wohl, wollen sie jedoch nicht gelten lassen.

Wenn ich Sie jetzt dazu brachte, darüber nachzudenken,
»was könnte ich tun, um diese göttliche Lenkung und
Führung in mein Leben zu integrieren«, kommen wir zur
nächsten Frage.

Wie nehme ich Verbindung mit meinem höchsten Geist auf?

Ich würde sagen, Sie bewegen sich auf Ihren höchsten
Geist zu, indem Sie zuallererst seine Existenz anerkennen
und all die anderen Teile, also Ihren materiellen oder vitalen Körper, Ihren Verstand oder Ihr Wachbewußtsein und
Ihr Unterbewußtsein in sich entwickeln und richtig behandeln. Daß Sie einen Körper haben, ist für Sie keine

Frage. Sie sehen ihn und können ihn anfassen. Da Sie mit Ihrem Verstand Gedanken erfassen, Erinnerungen speichern, Handlungen planen, Fähigkeiten erlernen und so weiter, zweifeln Sie nicht an seiner Existenz.

Mit der Redewendung »Irgendwie habe ich das schon gewußt« oder »Unbewußt habe ich erkannt, daß...« geben Sie zu, daß da noch ein Bewußtsein ist, das wir als Unterbewußtsein bezeichnen. Dieses Bewußtsein ist schon nicht mehr so leicht erfaßbar.

Da die Medizin beziehungsweise die Psychologie sich an das Unterbewußtsein eines seelisch und körperlich kranken Menschen wendet, um dort die Wurzeln vieler krankmachender Übel aufzuspüren, haben wir akzeptiert, daß es auch diesen Teil in uns geben muß.

Unsere wichtigste Aufgabe besteht darin,
diese Teile unseres *Ich*
mit unserem *höheren Selbst* in Einklang zu bringen.

Wären wir nicht so kopflastig und laut, so sehr einer kühlen Wissenschaft hörig, dann täten wir uns viel leichter, dieses Wunder anzunehmen und nicht als Unsinn abzutun.

Lassen Sie Hilfe aus Ihrem höchsten Geist zu

Wenn Sie Hilfe brauchen, also ein Problem haben, können Sie innerlich still werden und nach innen horchen. Sie können nun eine zweifelnde Stimme, eine ängstliche Stimme oder eine freudige Stimme in sich entdecken. Oder eine ängstliche und eine freudige Stimme gleichzeitig. Jeder kennt das.

Diese inneren Stimmen sind Teile Ihrer Persönlichkeit, die nun Ihren höchsten Geist um Hilfe bitten. Jeder dieser Teile von Ihnen will und soll ernst genommen werden. Deshalb steigen Bilder, Betrachtungen, Meinungen, Gefühle, Gerüche, Emotionen zu der betreffenden Situation auf, die nun Ihr höchster Geist zu Ihrem Besten vereinen will. Geben Sie nun jedem dieser Teile in Ihnen die Möglichkeit zu Ihnen zu sprechen. Hören Sie darauf, ob Ihr Körper das leisten kann. Vernehmen Sie, was Ihr Verstand dazu meint und welche Bilder aus Ihrem Unterbewußtsein aufsteigen. Melden sich Ängste? Steigt Freude in Ihnen auf? Kommen Zweifel, Warnungen? Reagieren Sie auf jede dieser Stimmen, indem Sie mit ihnen reden und ihnen zuhören. Erzählen Sie diesen Teilpersönlichkeiten von Ihren Wünschen und Zielen. Sprechen Sie einfach mit ihnen. Sagen Sie: »Ich könnte eine sehr gute neue Stellung bekommen. Die würde ich gerne annehmen, weil ich einen interessanteren Aufgabenbereich hätte, mehr verdienen und in einem sehr netten Team arbeiten würde.« Ihre mutige Stimme sagt: »Sofort zupacken!« Dann meldet sich Ihre zaghafte Stimme und meint: »Bedenke, du mußt in eine andere Stadt ziehen, und du verlierst dann deine alten Freunde. Wer weiß, ob du und deine Familie sich dort einleben können. Vielleicht ist die berufliche Anforderung auch zu groß für dich. Hier ist dir alles vertraut, und du fühlst dich sicher. Laß es sein!«

Aus Ihrem Unterbewußtsein steigen Bilder auf, die Ihnen vergangene Enttäuschungen oder Erfolge zeigen. Sie empfinden plötzlich Warnungen oder Ermunterungen aus frühen Kindheitstagen. Werden Sie still. Bitten Sie nun Ihren höchsten Geist um Hilfe. Da Sie ihm Bilder, Betrachtungsweisen und die dazugehörigen Lebenssituationen zeigten, ist er jetzt in der Lage, das Allerbeste für Sie zu tun.

Sensibilität stellt den Kontakt her

Erwarten Sie nicht, daß Sie sich nur einmal kurz hinzusetzen brauchen, ein wenig still werden und so die Lösung aller Sorgen und Anliegen herbeiführen können. Pflegen Sie Geduld, um sensibel für sich selbst zu werden, seien Sie ehrlich gegen sich, um so diesen Kontakt mit Ihrer Geistigkeit zu finden. Nur auf diese Art und Weise erfahren Sie diese kostbare, intuitive Hilfe aus dem höheren Selbst.

Sie können auf jede dieser Stimmen reagieren, die *nicht* aus Ihrem höheren Selbst kommt, indem Sie ihr zuhören, mit ihr reden und dieser Stimme, oder diesen zwei Stimmen in Ihnen, von Ihren Wünschen, Ihren Vorstellungen und Ihren Zielen erzählen. Diese Stimmen haben zu diesem Zeitpunkt noch nicht bemerkt, daß Sie das Bild, nach dem Sie Ihre neue Realität erschaffen wollen, verändern und neue Pläne haben.

Ihr höheres Selbst überblickt all diese Teilpersönlichkeiten und hat all diese Gespräche, seien es Dialoge oder Monologe gewesen, und Ihre inneren Bilder aufgenommen. Vertrauen Sie nun Ihrem höchsten Geist, und lassen Sie Ihr Problem los. Es wird sich etwas ergeben, das Ihnen die Entscheidung leicht macht oder abnimmt. Entweder wissen Sie plötzlich mit absoluter Sicherheit: »Das ist richtig!«, oder es ergibt sich eine Situation, die Ihnen die Entscheidung abnimmt. Sie fühlen sich wie erlöst und sind über das Ergebnis glücklich. Das war Ihr höchster Geist. Nehmen Sie seine Führung an, es ist das Beste für Sie geschehen. Seien Sie sicher: Ihr höheres Selbst will Sie dorthin bringen, wo die Erfüllung Ihres Lebens liegt.

Wie sieht nun unsere Erfüllung, wir könnten es auch »das Lebensziel oder die Lebensaufgabe« nennen, aus? Haben Sie sich schon einmal darüber Gedanken gemacht, oder arbeiten Sie einfach so dahin, um zu überleben? Kennen

Sie überhaupt das Gefühl der Erfüllung? Diese wundervolle Empfindung muß nicht immer im Zusammenhang mit einer großartigen Tat oder Lebensveränderung stehen. Eine kleine Korrektur Ihres Bewußtseins, und damit verbunden Ihres Lebens, kann Sie dieser Erfüllung um ein großes Stück näher bringen.

Unsere Lebensaufgabe

Wir sind bestimmt nicht nur auf diese Welt gekommen – man könnte auch sagen »wiedergeboren worden« (inkarniert) –, um uns weiterzuentwickeln. Jeder hat auch etwas zum Wohl der Menschheit beizutragen. Wir sollen unsere Umwelt schützen und unsere Mitmenschen beschützen und »uns die Welt untertan machen« im Sinne der Schöpfung.

Wenn Sie etwas in diesem Sinne tun, und es fällt Ihnen besonders leicht, es öffnen sich Ihnen in einer bestimmten Sache sozusagen alle Türen, dann geschieht dies einerseits, weil Sie Ihrer höheren Bestimmung folgen, und andererseits, weil Sie Ihr Ziel mit der Absicht verbinden, der Menschheit zu dienen. Sie arbeiten in diesem Fall an Ihrer Lebensaufgabe, und Sie entwickelten dazu bestimmte Eigenschaften und setzten richtige Handlungen ein. Welche Eigenschaften und Handlungen das sein sollen, wird sichtbar und erkennbar, wenn Sie beobachten, welche An- und Herausforderungen an Sie gestellt werden und welche Sehnsüchte Sie leiten. Sie brauchen nur in sich hineinzuhorchen, nach innen zu blicken und sensibel für Ihr Leben zu werden, dann erkennen Sie, daß Ereignisse – die für Sie zunächst völlig ohne Zusammenhang waren – einen durchgehend roten Faden haben. Durch Ihre neue

Sensibilität merken Sie, daß hinter all dem, was Sie lernen, welche Menschen in Ihr Leben treten, welche Situationen Sie anziehen, welche Bücher Sie zu lesen bekommen oder was Ihnen im Alltag widerfährt, ein bestimmtes Muster steht. Sie erkennen den Sinn dahinter! Es geht Ihnen ein Licht auf!

> Ihr höchster Geist fordert Sie also ständig auf
> herauszufinden, wie Sie Ihr SELBST
> entwickeln sollen und was Ihre Aufgabe ist.

Das Erkennen der Aufgabe, die zum Ziel führt

Für den einen kann seine Lebensaufgabe, die ihn erfüllt, ihn beseelt und in der er aufgeht, soziales Engagement sein oder die Erziehung seiner Kinder und das harmonische Gestalten seines Familienlebens. Für einen anderen Menschen bedeutet sein Weg, sich in neue, unerschlossene Bereiche vorzuwagen, um Entdeckungen zu machen, die Fortschritt bedeuten. Er findet seine Lebensaufgabe darin, Weisheit zu erlangen und sie zu seinem und zum Segen der Menschheit einzusetzen. Die Schöpfung oder Gott – wie es Ihnen sympathischer ist – hält für uns tausend Möglichkeiten bereit: Sie können unvergängliche Werke der Handwerkskunst schaffen oder einfach gerne Tischler sein, ganz wie es Ihnen liegt. Wichtig ist, Sie sind Kunsttischler oder Tischler mit Leib und Seele und lieben Ihr Holz.

Sie können danach streben, unvergängliche Dichtkunst zu schaffen oder einen absoluten Bestseller zu schreiben – Ihre Schöpfung muß Sie glücklich machen. Ein einziges großartiges Werk der Dichtkunst oder ein einziger großartiger Roman ist nie so wichtig wie Ihre Glückseligkeit. Es gibt Tausende wundervolle Gedichte und Tausende hervorragende Romane. Es gibt aber auch sehr viele Schriftsteller, die zum Alkoholiker wurden, nie im Leben glücklich waren und durch Selbstmord endeten. Beglückt Sie das Schreiben, bringt es Sie Ihrer Ganz- und Heilwerdung näher, so ist es für Sie die richtige Lebensaufgabe.

Sinngemäß gilt das für jede Tätigkeit, egal ob sie eine künstlerische ist oder eine handwerkliche. Im Sinne der Schöpfung ist sie, wenn sie Sie glücklich macht und der Menschheit dient. Wobei »Menschheit« Ihre Familie sein kann. Sie machen in Ihrer Familie Menschen glücklich, und glückliche Menschen tragen diese Harmonie wieder in die Welt hinaus. Diese kleinste Zelle ist so wichtig!

Die Verschmelzung der einzelnen Teile Ihres *Ich bin* bildet eines der Ziele in Ihrem Evolutionszyklus (Entwicklung zu höheren Formen), den die Seele erreichen will. Ihr höheres Selbst ist jenseits jeder Gegensätzlichkeit. Es wird Sie also nie zu einer bestimmten Handlung zwingen. Das heißt, jede Ihrer inneren Stimmen oder Teilpersönlichkeiten, die etwas Bestimmtes erreichen will, ruft – zu Ihrem Besten – auch das Gegenteil hervor.

Sie haben Ihren freien Willen und können sich immer zwischen zwei Möglichkeiten entscheiden. Sie müssen nicht zwingend in sich gehen und überlegen – also sich von Ihrem göttlichen Funken inspirieren lassen. Sie können auch nur mit dem Verstand entscheiden oder nur mit dem Gefühl. Ich bin sicher, Sie wissen, daß jede Entscheidung aus Gefühl, Verstand und Intuition bestehen sollte. Dazu brauchen Sie das Urteil Ihres höchsten Geistes. Sind Sie manchmal unüberlegt und handeln Sie oft spontan so, daß es Ihnen nachher leid tut, dann gibt es einen Gegenpol, der Sie zur Vorsicht und Überlegtheit mahnt. Wenn ein Teil von Ihnen zur Unentschlossenheit und Zaghaftigkeit neigt, dann gibt der andere Teil in Ihnen den Impuls: »Tue es doch!«

In unserem Leben äußern sich solche Situationen oft so, daß wir meinen: »Ich weiß weder vor noch zurück!« Wenn es Ihnen so ergeht, dann verstehen Sie diese Phase als Nachdenkprozeß. Überlegen Sie in Ruhe, lassen Sie Ihre inneren Stimmen einen Dialog führen und wenden Sie sich dann an Ihren wundervollen Geist.

Wir brauchen diese Widersprüche in uns. Dadurch, daß wir lernen, diese Gegensätze zu vereinen, dringen wir zu unserem höchsten Geist vor und entwickeln uns weiter.

Der innere Dialog

Wie bringen Sie jedoch diese »Für« und »Wider« dazu, Ihnen den bestmöglichen Weg oder die einfachste Lösung zu zeigen?

Führen Sie den inneren Dialog.
Lassen Sie Ihren Verstand zu Wort kommen
und Ihr Gefühl.

Wenn Ihnen der Verstand sagt: »Das ist der richtige, einfachste Weg« und die Stimme Ihres Gewissens leise dagegenredet: »Nein, du tust hier etwas Unrechtes«, dann wägen Sie gut ab. Legen Sie beide Meinungen auf eine innere Goldwaage, und schauen Sie genau hin, in welche Richtung sie sich neigt. Lassen Sie beide Meinungen gelten, und hören Sie die Botschaft heraus, die für Sie persönlich das Beste bringt. Hören Sie jedoch auch, welchen

Schaden Sie anderen Menschen zufügen könnten. Zeigen Sie diesen zwei Teilen Ihres SELBST, das, was Sie erreichen oder bewirken wollen, und bitten Sie dann schlicht und einfach um Hilfe. Sie können in der Sicherheit leben, daß keine Ihrer inneren Stimmen Sie in schlechter Absicht leiten möchte.

Verstand und Gewissen
haben oft ein unterschiedliches Bild von dem,
was das Ziel ist.

Indem Sie den inneren Dialog pflegen, sich innere Bilder und damit die Vision Ihres erfüllten Lebens schaffen, geben Sie Ihrem höchsten Geist die Möglichkeit, Sie zum Erkennen Ihrer Lebensaufgabe und Ihres Lebenszieles zu führen. Wenn Sie das Ziel erkannt haben – dann vergessen Sie dabei nie:

Der Weg ist das Ziel.

Auch wenn Sie den Sinn dieser Worte jetzt noch nicht ganz verstehen – wenn Sie den *richtigen Weg* gehen, begreifen sie ihn unweigerlich.

Kapitel 7

Im 7. Kapitel lesen Sie,

- wie Sie Ihre Anlagen erkennen und richtig einsetzen

- »Lieben Sie Ihren Beruf?«

- was Sie tun können, um Ihr Talent zu erkennen

- daß Sie Ihr Talent be-nützen sollen, denn: »Zeigen Sie endlich, wozu Sie fähig sind!«

- wie Sie Ihre Anlagen und Talente richtig einsetzen

- wie und wann Erfolg kommt: »Vertrauen Sie darauf, daß Leistung immer belohnt wird!«

- warum es wichtig ist, einen weisen Satz zu beherzigen, denn: »Ob man glaubt, etwas zu können oder nicht zu können, man hat immer recht!«

Eigene Anlagen erkennen und
sie richtig einsetzen

Wenn ich die Be-deutung des Wortes »Anlage« unter-suche, dann ergibt sich für mich daraus, daß »etwas an uns liegt«. Versetzen Sie sich in die Tage Ihrer Kindheit, so erinnern Sie sich gewiß daran, daß Sie sehr früh eine Neigung oder eine starke Sehnsucht verspürt haben, etwas ganz Besonderes zu tun oder zu werden. Entweder ist sie noch immer da, als Traum aus den Kindertagen, oder Ihr Verstandesdenken hat sie leider inzwischen verdrängt.

Ich weiß von mir, wie das ist. Ich habe mich von meinem bürgerlichen Kindheitstraum Lehrerin zu werden verab-schieden müssen, weil wir zu dieser Zeit unter russischer Besatzungsmacht und dadurch sehr bescheiden lebten. Die nächste Lehrerbildungsanstalt war zu weit entfernt, und meine Eltern hatten damals nicht das Geld, ein Inter-nat zu bezahlen. Also bekam ich eine »vernünftige, fun-dierte, berufsorientierte Fachschulausbildung« und wurde Buchhalterin. Doch ich habe diese eine Sehnsucht nie ganz vergessen. Heute halte ich Seminare und lehre Men-schen, besser mit sich umzugehen, ihr Bewußtsein zu ändern, um dadurch selbstbewußter, erfolgreicher, kurz glücklicher zu werden. Ich habe einen meiner Träume auf diese Weise verwirklicht.

Mein größter Wunsch war jedoch, Schriftstellerin zu werden. Es gab während meiner Schulzeit keine größere Freude für mich, als einen Aufsatz zu schreiben. Ich war der Liebling aller Deutschlehrer und füllte von dem Augenblick an, als ich fließend schreiben konnte, viele Schulhefte mit Geschichten. Meine Phantasie war so blühend, daß ich oft selbst Dichtung und Wahrheit nicht ganz korrekt auseinanderhalten konnte. Meinen Eltern gegenüber getraute ich mich nicht einmal, diesen Wunsch auszusprechen.

Trotzdem begann ich, neben meiner »doppelten Buchhaltung«, im Alter von sechzehn Jahren zu schreiben und zu publizieren. Ich hatte bescheidene Erfolge, denn eine Frauenzeitschrift druckte meine Artikel. Später lernte ich meinen Mann kennen und wurde Ehefrau, Mutter und Geschäftsfrau. Fast fünfundzwanzig Jahre habe ich meinen »Schriftstellertraum« brav unter Verschluß gehalten und habe wenigstens meine berufsorientierte Schulbildung genützt. Dann gab ich meinen gutgehenden Betrieb auf, nahm das Kopfschütteln der Leute einfach nicht zur Kenntnis und begann wieder zu schreiben. Natürlich war es verrückt – doch ich ver-rückte ja ganz bewußt meinen Geist! Aber im Rückblick kann ich Ihnen versichern: Es war der schnurgerade Weg zu einem absolut beglückenden Leben.

Ich habe Hochschulseminare besucht, vier Semester eines Fernstudiums absolviert und so wieder den Weg des Schreibens gefunden. Es war manchmal schon ein recht holpriger Pfad, den ich aber mit größter Begeisterung und Beharrlichkeit ging. Anfangs habe ich nur Belletristik geschrieben. Ich lernte, mit meinem Geist richtig umzugehen und locker zu werden. Ich gestattete mir, den größten Quatsch zu schreiben – und schrieb alles, wonach mir der Sinn stand: Satiren, Liebesgedichte, Erzählungen, ein Kinderbuch, ich begann zwei Romane – und da ich mich nicht selbst beschränkte, kamen tadellose Sachen heraus. Als meine erste Satire in einem Flugjournal publiziert wurde und mein geistiges Kind rund um die Welt flog, war ich fast genauso stolz wie nach der Geburt meines Sohnes. Zum richtigen Zeitpunkt habe ich durch Begegnungen mit intuitiven und sensitiven Menschen einen neuen Weg gefunden. Dieses Buch ist ein Produkt des Erkennens meiner Lebensaufgabe. Ich will Menschen mit »geistiger Lebensgestaltung« vertraut machen. Dieses Ziel führt mich mit vielen wunderbaren, neuen Menschen zusammen, die mich lehren, und mit vielen lieben Menschen, die von mir lernen.

Eine große Bereicherung meines Lebens ist damit verbunden, daß mir meine Lehrer und Schüler zu Freunden werden, und damit, daß ich durch verständnisvolles Eingehen auf die Sorgen eines Mitmenschen aus einem Häufchen Elend wieder einen zuversichtlichen Menschen machen kann. Wenn ich verfolge, wie meine Seminarteilnehmer durch die Übungen des kreativen Schreibens sich gesund und zu sich selbst schreiben, dann sehe ich die Sinnhaftigkeit meiner Arbeit. Durch diese Beschäftigung lerne ich ihre und meine Verhaltensweisen besser verstehen und lerne somit auch über das Lehren. Es macht mir unglaublich viel Freude.

Das heißt nicht, daß ich nichts anderes mehr schreiben und tun werde, denn ich spüre noch so viel »weites Land« vor mir. Falls mir danach ist, werde ich mir noch einige Verrücktheiten gestatten.

Wenn Sie also nicht Sängerin, Kunstmaler, Pfarrer oder Nonne, Mannequin oder Dressman wurden, weil die Eltern es ihnen als unmöglich ausredeten, nicht Friseurin, Schneider, Drogistin oder Feinmechaniker, weil einfach nicht der passende Ausbildungsplatz zu diesem Zeitpunkt verfügbar war, auch nicht Pilot, Lokomotivführer oder

Straßenbahnschaffner wurden, weil die Eltern feststellten: »Das wollen alle Kinder, wir wissen schon, was für dich gut ist!«, wenn Sie nicht studieren konnten, weil die Umstände es nicht erlaubten, dann sollten Sie unbedingt wieder Ihre Jugendträume hervorkramen. Mit siebzig Jahren werden Sie den Lokomotivführer nicht mehr schaffen, aber Sie könnten einem Lok-Fan-Club beitreten. Mit dreißig Jahren schaffen Sie es – wenn Sie beseelt sind von einer Berufung – locker! Jedes Handwerk kann bis ins späte Alter erlernt werden – auch oder gerade in der Pension. Ich erinnere mich noch sehr gut daran, wie mein Vater, nach Jahren der Kanzleiarbeit, seine Basteltage genoß – er war kaum aus der Werkstätte zu bekommen.

Ein Studium kann man zu jeder Zeit beginnen und abschließen. Für junge Leute gibt es Stipendien und überdies eine Menge öffentlicher Förderung. Heutzutage können ältere Semester auch ohne Reifeprüfung – einfach als Gasthörer oder außerordentliche Hörer – ein Studium in Angriff nehmen. Erkundigen Sie sich, es gibt sehr viele Möglichkeiten.

Lieben Sie Ihren Beruf?

Wenn Sie etwas von Herzen gerne wollen, dann wird Ihnen geholfen und Sie werden geführt. Wichtig ist jedoch Ihre wahre Bestimmung zu erkennen.

Gehören Sie nicht zu den Glücklichen, die sagen: »Mein Beruf ist mein Hobby«, dann haben Sie einfach sich selbst und der Menschheit gegenüber die Pflicht, sich hinzusetzen und noch einmal die Träume Ihrer Jugend aufleben zu lassen.

So wie ich fest davon überzeugt bin, daß unserem Schöpfer an *jedem* von uns liegt, so glaube ich auch, daß er ausnahmslos *jedem* von uns als Geschenk etwas mitgegeben hat, das uns das Leben verschönern und der gesamten Menschheit zugute kommen soll.

Dieses Geschenk nennen wir
»Anlage« oder »Talent«.
Es befähigt uns,
etwas besonders gut zu können.

Viele werden spontan sagen: »Ich weiß nicht einmal, ob ich etwas besonders gut kann – und wenn, wie sollte ich heute noch etwas daraus machen?« Glauben Sie mir, Sie – oder genauer gesagt Ihr Unterbewußtsein – erinnert sich immer noch an die Kindheitsträume und kennt Ihre Begabung! Ihr höheres Selbst möchte Ihnen bei der Verwirlichung gerne helfen. Nur – Sie müssen ihm Ihre Vision davon zeigen. Man kann in jedem Alter, unter allen Umständen und zu jedem Zeitpunkt einen Traum zu verwirklichen beginnen – hinderlich sind Sie sich dabei nur selbst!

Geben Sie Ihrer Anlage,
Ihrem Talent und Ihrem höchsten Geist
eine Chance.

Alles, was Sie jetzt einwenden, kenne ich: Sie haben einen Haushalt mit zwei schulpflichtigen Kindern und einen Ehemann zu versorgen. Sie verdienen noch durch Heimarbeit oder Teilzeitarbeit dazu. Sie sind abends todmüde und erschöpft. Sie wollen sich dann endlich vor den Fernseher setzen und sich berieseln lassen.
Glauben Sie mir, wenn Sie etwas, das Ihnen viel Freude macht und Ihrem Talent gerecht wird, als Entspannung

ein- bis zweimal abends, statt des Fernsehens tun, entspannen Sie sich viel besser. Sie wecken dabei Lebensgeister, die Ihnen bis dahin unbekannt waren.

Wie erkennen Sie Ihr Talent?

Beginnen Sie doch so: Sie setzen sich in einer ruhigen Stunde in einen gemütlichen Stuhl, lassen es in sich still werden und fangen zu träumen an. Sie bitten Ihr Unterbewußtsein und Ihren höchsten Geist Ihnen zu helfen. Wenn es auch nicht gleich funktioniert, sehr bald steigen längst vergessen geglaubte Erinnerungen, Ideen, Bilder vor Ihrem inneren Auge auf. Eines Tages sind Sie sicher:

> »Das würde ich von Herzen gerne tun!«

Sagen Sie jetzt nicht sofort mit Ihrem Wachbewußtsein, also mit Ihrem Verstand: »Das kann ich nicht. Das geht nicht! Was wird mein Mann/meine Frau dazu sagen, die Kinder, die Freunde, die Bekannten?« Alle werden etwas dazu sagen – aber machen Sie sich klar: Es ist Ihr Leben, Ihr Glück, Ihre Gesundheit, Ihre innere Befriedigung, Ihr Herzenswunsch – und es sind Ihre Jahre, die Ihnen hier, in diesem Leben, noch zur Verfügung stehen! Nur ein glücklicher, zufriedener Mensch kann Gutes weitergeben und anderen Menschen Glück bringen und Harmonie ausstrahlen. Sie brauchen Ihr Leben nicht sofort grundlegend ändern, sondern sollten – denn Sie sind sich Ihrer Verantwortung Ihren Nächsten gegenüber bewußt – Schritt für Schritt weise vorgehen.

Ich möchte Ihnen ein Beispiel geben: Sie erinnern sich plötzlich, wieviel Freude Ihnen in der Schule das Erlernen der englischen Sprache machte. Der Lehrer lobte Ihre Aussprache, Sie merkten sich die Vokabeln, und nicht einmal die Grammatik war Ihnen ein Greuel. Nun, wem würde es schaden, wenn Sie einen Kurs in einer Volkshochschule belegten? Ein Abend für den Unterricht, einer zum Lernen. Die Kosten sind minimal. Bedenken Sie noch, daß Sie mit gleichgesinnten Menschen in Kontakt kommen – etwas, das Ihnen ungeheuren Auftrieb verleiht.

Be-nützen Sie Ihr Talent

Wenn Sie fragen: »Welchen Nutzen soll ich als englisch sprechende Hausfrau der Welt bringen?«, dann möchte ich Ihnen entgegnen: »Was glauben Sie, wieviel Freude es Ihnen machen könnte, eine Kinderrunde einmal nachmittags zu einem Englisch-Plauder-Kurs einzuladen? Sie würden den Kindern viel Hilfe für die Schule und das Leben bringen und deren Eltern eventuelle kostspielige Nachhilfestunden ersparen!«
Oder würde es Ihnen während einer Reise nicht sehr nützlich vorkommen, den nicht so sprachgewandten Mitreisenden im Krankheitsfall oder bei einer wichtigen Angelegenheit mit Ihren Sprachkenntnissen beizustehen? Überdies ist es schön, wenn Sie sich fast weltweit verständigen können. Denken Sie einmal nicht mit soviel Begrenzung: Jedes Talent bringt Erfüllung für Sie, kann Erfolg bringen und darüber hinaus für Ihre Mitmenschen wertvoll werden. Springen Sie über Ihren Schatten. Wenn Ihr Herz zaghaft, aber freudig bei einer Vision zu schlagen beginnt, dann haben Sie es! Es ist egal, wie verrückt es Ihnen oder anderen vorkommt, was Sie zu tun beschließen: Tun Sie es bitte – sofort!

Es muß jedoch Ihr innerstes Bedürfnis sein!

Ob Sie anfangen, Gedichte zu schreiben, einen Kochkurs zu belegen, zu malen, zu töpfern, zu singen, zu turnen, zu frisieren, zu tanzen, Geschichte zu studieren, einen Flugschein zu machen – beginnen Sie damit!

Beginnen Sie jetzt damit!
Tun Sie es, und Sie haben die Kraft dazu!

Verteidigen Sie dieses Begabungsgeschenk, das Ihnen in die Wiege gelegt wurde, mit all Ihren Kräften. Verteidigen Sie es gegen Ihre Umwelt und gegen sich selbst!

Lassen Sie sich nicht beirren!
Zeigen Sie sich endlich, wozu Sie fähig sind!

Sie erhöhen damit Ihr Selbstwertgefühl, Sie lernen, an sich zu glauben – und Sie lernen, sich wieder anzunehmen und zu lieben. Haben Sie die Erkenntnis, was Ihr Wunsch ist, und haben Sie die ersten Schritte zur Verwirklichung getan, so ergeben sich die nächsten Schritte ganz von selbst. Halten Sie daran fest – ich habe es ausprobiert, es funktioniert! Geben Sie keinesfalls beim ersten Hindernis auf. Es kommt bestimmt, denn Ihr höheres Selbst will prüfen, ob es Ihnen wirklich ernst ist mit diesem Ziel. Dulden Sie auf keinen Fall Ihre übliche Zaghaftigkeit, Ihre schnelle Resignation, Ihre Schüchternheit, Ihr ewiges: »Das kann ich meinem Mann (Kindern, Eltern und so weiter) nicht antun.« Diesmal halten Sie durch, sind nicht verzagt, nicht schüchtern, tun es Ihrem Mann (Ihrer Frau und allen anderen) an, lassen die Leute reden – denn alle werden bald staunen, wozu Sie fähig sind!

Von heute auf morgen geht nichts! Aber Sie werden in nicht allzu langer Zeit das Gefühl tiefer Befriedigung spüren, wenn Sie zum ersten Mal einem Fremden Auskunft in seiner Muttersprache geben. Oder Sie lesen Ihrem Enkelkind das erste selbstgeschriebene Märchen vor, Sie schaffen die erste Prüfung an der Universität oder Sie haben die erste Stellage (die nicht sofort zusammenkracht) gezimmert. Egal, was es ist, Sie haben begonnen Ihr Talent sinnvoll einzusetzen! Anfänglich ausgelacht oder sogar für verrückt erklärt zu werden müssen Sie aushalten! Es bleibt nicht immer so! Seien Sie froh, daß Sie sich endlich ein wenig »ver-rückt« haben! Halten Sie an dem Gedanken fest, daß man Sie in nicht allzu langer Zeit bewundern und beneiden wird – wenn Ihnen das wichtig ist.

Das richtige Einsetzen Ihrer Anlagen und Talente

Sie sollten sich während des Lernprozesses nicht zu viele Gedanken über den richtigen Einsatz Ihres Talentes machen. Das »Wie, Wann, Wo« ergibt sich fast von selbst. Blockieren Sie sich nicht mit unnötigen Zukunftssorgen.
Sie kommen während der Ausbildung oder des Lernens mit anderen Ideen, anderen Menschen und neuen Eindrücken in Berührung. Sie beginnen, insgesamt aktiver zu werden, und durch Gespräche, Kontakte und eine andere Meinung von sich selbst ergibt sich eine ganz natürliche Entwicklung – ein Fluß.

> Mit der Sicherheit, etwas zu können,
> fangen Sie unweigerlich an,
> den richtigen Einsatzort zu finden.

Er-folg

Erfolg kommt davon, daß etwas folgt – wenn Sie etwas in Bewegung setzen! Setzen Sie etwas mit Begeisterung in Bewegung, wird es gut sein. Wenn Sie gut sind, werden Sie Erfolg haben.

Vertrauen Sie darauf,
daß Leistung immer belohnt wird!

Wenn Sie Erfolg wollen, wird er sich einstellen, und Sie werden ein anderer Mensch! Sie werden stolz auf sich sein, werden selbstbewußter, ausgeglichener, harmonischer. Ihr Leben wird reicher – in jeder Beziehung – und erfüllter, auch das ist ein großer Erfolg!
Ich möchte Ihnen sagen: Es ist ein Herzenswunsch von mir, daß Sie Ihre Anlagen und Ihr Ziel erkennen und dieses verwirklichen. Sie setzen dabei Energien frei, von denen Sie nie geahnt haben, daß sie in Ihnen stecken!

Ob man glaubt,
etwas zu können
oder nicht zu können,
man hat immer recht!

Heften Sie sich diesen weisen Satz überall hin, wo Sie immer wieder auf ihn stoßen und wo Sie ihn immer wieder lesen.
Wenn ich mit diesem Kapitel Ihr Herz bewegt habe, bin ich mit meinen Gedanken bei Ihnen und wünsche von ganzem Herzen gutes Gelingen! Lassen Sie sich von Ihrer Sehnsucht leiten – das wird Ihnen Glück bringen!

8. Kapitel

Im 8. Kapitel lesen Sie,

- wie Sie sich ein neues Leben durch die Macht Ihrer Gedanken schaffen
- wie Sie die Zukunftsvision Ihrer Privatsphäre, Ihres Berufes und Ihrer materiellen Güter erschaffen
- warum Sie klare Ziele brauchen – ohne kleinliche Grenzen
- was Sie während einer glücklichen Stunde erleben
- wie Sie Ihr »Lebens-Drehbuch« gestalten
- wie Sie weise und überlegt wünschen
- wie wichtig die Motivation Ihrer Wünsche ist
- daß Sie in Ihrer Phantasie auch all Ihre Sinne einsetzen
- wie das Muster eines Drehbuchs aussieht
- daß Sie nichts vergessen dürfen
- wie Sie vom Start zum Ziel kommen
- wie wichtig das Visualisieren ist
- wie Übungen zum »inneren Sehen« durchgeführt werden

- daß Sie als Akteur Ihr Mentaltraining erleben
- wie wichtig es ist, Ihr Glück zu kennen
- was »innere Monologe und Dialoge« sind
- daß Sie zur Wunscherfüllung immer in der Gegenwart sprechen
- daß Gefühle und Emotionen besonders empfehlenswert sind und Sie dadurch schneller Ihre Ziele erreichen
- was es heißt, »dissoziiert« zu sein und wie eine Erkenntnis aus dem NLP lautet
- wie Sie Ihr Mentalprogramm erstellen
- daß ein Profi mehr Erfolg hat
- daß Sie Ihrem Mentalprogramm nicht jeden Tag eine neue Handlung geben dürfen
- was der »Alpha-Zustand« ist
- wie die Praxis der Mentalarbeit (Wunscherfüllung) aussieht
- daß Sie stets Ihre Ziele in Ihrem Bewußtsein festhalten
- daß Mentaltraining überall und jederzeit praktiziert werden kann
- daß Sie eigentlich zehn Sinne haben

Schaffen Sie sich ein neues Leben durch die Macht Ihrer Gedanken

Ich hoffe, Sie sind inzwischen so weit, daß es innerlich kribbelt – Sie eine Sehnsucht in sich spüren, die nach Veränderung drängt. Schön, dann habe ich Ihr Herz erreicht. Lassen Sie sich ab jetzt von mir führen, tun Sie alles, was ich Ihnen vorschlage – probeweise wenigstens –, und lassen Sie sich von dem überraschen, was dabei herauskommt.

Wenn Sie einen stillen Abend haben oder zwei ungestörte Stunden am Wochenende, setzen Sie sich gemütlich in einen Stuhl. Legen Sie in Reichweite Papier und Bleistift bereit. Schließen Sie die Augen, werden Sie still und beginnen Sie zu träumen. Stellen Sie sich vor, daß es keine Hindernisse, keine Einschränkungen, keine Tabus, keine Gesetze und keine hinderlichen Menschen für Sie gibt. Sehen Sie die gütige Fee, von der Sie als Kind so oft hörten und die Sie nun bittet, ihr den idealsten Tag, den Sie sich vorstellen können, mit allem Drum und Dran zu schildern. Denken Sie sich, daß die Fee Ihnen diese wundervollste Vision Ihres Lebens erfüllen möchte. Beginnen Sie! Ich gebe Ihnen Starthilfe.

Könnte dieser Tag so aussehen, wie ich Ihnen jetzt den schönsten Tag einer jungen Frau schildere, die sich endlich einen lieben Partner, ein schönes Familienleben,

Erfolg und Freude in ihrem Beruf wünschte? Indem Sie einen ganzen Tag Revue passieren lassen, haben Sie beispielsweise die Möglichkeit, Ihr ganzes Umfeld miteinzubeziehen – also Ihre Partnerschaft, Ihre materielle Sicherheit, Ihre Ausbildung, Ihr Berufsleben, Ihren Körper und Psyche mental zu bearbeiten (Haus, Auto, Finanzen, Gesundheit, Studium, Karriere und so weiter).

Die Zukunftsvision der Privatsphäre

Ich öffne am Morgen meine Augen und blicke liebevoll auf den Mann, der neben mir liegt. Er ist mit mir verheiratet, und ich spüre das innige Glück dieser Verbindung. Ich stehe auf. Im Nebenzimmer höre ich meine Kinder lachen. Ich trete ans Fenster, sehe auf meinen gepflegten Garten hinaus und freue mich, daß wir genau in der Gegend unser Haus haben, wo ich es mir immer gewünscht habe. Nahe der Stadt, verkehrsgünstig gelegen, doch ruhig und im Grünen. Das Auto meines Mannes und mein kleiner Flitzer stehen nebeneinander. Ein Zeichen unseres Wohlstandes. Ich drehe mich um und gehe langsam durch unser Haus. Während ich durch alle Räume wandere, nehme ich die gemütliche Einrichtung wahr, streiche mit der Hand über Bilder, Bücher, meinen schönen Schreibtisch, ziehe die Vorhänge ein wenig zurecht, öffne den Kühlschrank der modernen Küche und denke: »Alles perfekt so, das ist mein Traumhaus!« Vielleicht nehmen Sie sogar die Gerüche im Haus wahr.
Ich mache das Frühstück, und dann kommen mein Mann und die Kinder. Nach der Begrüßung könnte sich folgender kurzer Dialog ergeben:

Mit den Kindern:
- »Ich wünsche euch einen schönen Tag in der Schule.«
- »Danke, Mama, das wird er sicher.«

Mit dem Ehemann:
- »Ich freue mich so sehr, daß du jetzt Abteilungsleiter bist und dein Können richtig einsetzen kannst.«
- »Ich auch. Es ist nicht nur, weil ich eine viel verantwortungsvollere Arbeit habe, es gibt auch mehr Geld. Unser diesjähriger Urlaub in ... ist ebenfalls damit gesichert. Du hast sehr viel Anteil an meinem Erfolg, denn du gibst mir mit deiner Liebe viel Kraft. Ich danke dir dafür.«

Spüren Sie tief in Ihrem Herzen die Liebe und Zuneigung Ihres Partners und Ihrer Kinder.
Damit habe ich in meinem Beispiel die private Sphäre ausgemalt. Ihre höchste Vision könnte natürlich eine schöne Stadtwohnung mit Dachterrasse oder ein Bauernhaus oder eine Wohnung in einem alten Haus in der City sein, mit hohen Räumen und großen Fenstern, oder ... – träumen Sie!

Die Zukunftsvision des Berufes und der materiellen Güter

Nun führe ich Sie weiter ins berufliche Umfeld: Nachdem Sie Ihre Toilette fertig haben, kommt eine Haushaltshilfe, die Sie sich leisten können, weil Sie gut verdienen. Sie besprechen mit ihr, was zu tun ist, und steigen in Ihr Auto. Sie fahren in Ihr Geschäft. Es ist klein, aber fein, Damenmode mit Stil, Geschmack und Pfiff. All das, was aus Ihren Talenten geworden ist. Sie haben den Kurs an einer

Modeschule nicht vergebens gemacht. Sie haben aus Ihrem Talent, gerne mit Farben und Stoffen zu arbeiten, etwas gemacht, das Ihnen Freude, Erfolg und Geld bringt. Ihre Freundin ist Ihre Teilhaberin. Das ist für beide eine ideale Lösung: halbe Betriebskosten, halbe Arbeitszeit. Sie sind mit Begeisterung dabei, und daher floriert die Boutique. Eine Woche arbeiten Sie vormittags, eine Woche nachmittags. Sie verdienen Ihr eigenes Geld, und trotzdem kommt Ihre Familie nicht zu kurz. Auf dem Heimweg machen Sie noch einen kurzen Stopp bei Ihrer Bank, holen sich den aktuellen Auszug und lassen die Eingänge auf Ihr Sparbuch umbuchen. Sie sind mit Ihren Rücklagen in der Höhe von DM . . . hochzufrieden.

Wenn ich zu bescheiden war, dann lassen Sie Ihre Vorstellungen großartiger werden. Stellen Sie sich Ihre hochfliegendsten Pläne vor (die Sie glauben können!). Setzen Sie sich keine kleinlichen Grenzen!

Wenn Sie studieren, stellen Sie sich Ihre jeweiligen Prüfungen vor – wie Sie diese mit Bravour bestehen, oder stellen Sie sich bereits die Feier Ihrer Promotion vor. Natürlich nur, wenn Sie schon einen Teil Ihres Studiums erfolgreich hinter sich haben. Wenn Sie erst damit beginnen wollen, ist die Vision der Überreichung Ihrer Doktorwürde ein wenig zu früh! Bleiben Sie realistisch, denn was Sie nicht glauben können – das wird auch nie (selbst mit dem tollsten Mentaltraining) in Ihr Leben treten.

> Alles, was Sie wirklich glauben,
> können Sie auch erreichen!

Wenn Sie in Ihrem Beruf eine taube Nuß sind (falls Sie das nicht verstehen, wäre das Wort Versager passend), werden Sie auch bestimmt nicht glauben können, daß Sie in die Führungsetage gehören.

Klare Ziele – ohne Grenzen

Ich versichere Ihnen, alle Ihre Grenzen, die Sie sich setzen, bestehen nur in Ihrem Denken. Werfen Sie diese Kleinheit ab, gehen Sie großzügig mit allem um, das Ihr Leben lebenswert machen kann. Ich ermuntere Sie: Legen Sie Ihrer Vorstellungskraft keine Fesseln an, stellen Sie sich alles vor, was Sie sich wünschen – *das Sie aber auch glauben können!*

Daß Sie Ihre niederen Instinkte nicht mitreden lassen sollten – nun, das wird Ihnen Ihre innere Stimme bestimmt bereits zugeflüstert haben. Ich werde es einige Seiten weiter trotzdem noch einmal tun. Wenn ich auch nicht annehme, daß Sie den gelungenen Banküberfall mit Millionenbeute in Ihr Mentaltraining aufnehmen, so könnte manch einer doch dazu neigen, gerade das unbedingt haben zu wollen, was einem anderen gehört und diesem Menschen lieb und wertvoll ist.

Eine glückliche Stunde

Eine Stunde ist lang, und ich hoffe, Sie wissen, wie Sie weitermachen sollen. Schaffen Sie sich für Beziehungen, Arbeitsplatz, Freunde, materiellen Besitz, kurz für all Ihre Lebensumstände, Ihr höchstes Ziel.

Sie müssen Ihre Ziele kennen –
Ihr Unterbewußtsein muß sie erkennen!
Und Ihre Seele soll sich auskennen!

Nur wenn Sie klar definieren, wenn Sie sich wirklich sicher sind:

»So soll es sein, und das kann ich glauben!«,

nur dann kann Ihr unendlicher Geist (Ihr Unterbewußtsein und Ihr höheres Selbst) sein Werk beginnen. Lassen Sie keinen anderen Regie führen in Ihrem Traum. Nur Sie dürfen Anweisungen geben und Korrekturen vornehmen! Sagen Sie nicht zu Ihrem Partner: »Du, ich stelle mir meine Zukunft so und so vor. Was meinst du? Soll ich mir ein Haus wünschen, so wie ich es immer haben wollte, oder doch eine Eigentumswohnung in der Stadt, weil es für die Kinder günstiger wäre?« Fragen Sie nur Ihre innere Stimme, wie Sie alles haben wollen, und wenn Sie *Ihre* Vorstellung beglückt, dann ist sie richtig und gut für Sie – das ist der Maßstab!

Jetzt sind *Sie* am Zug und schaffen sich *Ihre* Ziele, *Ihr* Glück und *Ihre* Erfüllung! Sie meinen: »Wenn sich mein Partner aber das Gegenteil wünscht?« Nun, erstens kennen Sie die geheimsten Wünsche Ihres Partners wahrscheinlich nicht. Wenn doch, vertrauen Sie darauf, daß das Unterbewußtsein und das höhere Selbst eines Menschen ihn immer so leiten werden, daß für alle, die mit ihm in Liebe oder Freundschaft verbunden sind, eine Lösung kommt, die jeden glücklich macht. Es gibt eine Wohnung in der Stadt und ein Wochenendhaus auf dem Land.

Träumen Sie weiter, bis Sie alle Bereiche Ihres Lebens durchlebt haben, und lassen Sie Ihr Aussehen und Ihre Gesundheit nicht außer acht.

Nun könnte ungefähr eine Stunde vorbei sein. Öffnen Sie Ihre Augen, dehnen und strecken Sie sich ein wenig, und schauen Sie jetzt in den Spiegel. Sie werden das Lächeln in Ihrem Gesicht noch immer sehen. Es war eine glückliche Stunde.

Wichtiges für Ihr Drehbuch

Es gibt ein paar Regeln, die ich Ihnen ans Herz legen muß, bevor ich Sie auffordern werde: Schreiben Sie das Drehbuch zu Ihrem Erfolgsfilm! Eine wichtige Regel ist:

Formulieren Sie Ihre Ziele positiv.

Das heißt: Benützen Sie keine Formulierungen wie: »Ich bin nicht mehr dick.« Sagen (denken) Sie: »Ich bin rank und schlank.«
Es heißt nicht: »Ich habe die alte, kleine Wohnung nicht mehr.« Formulieren Sie: »Ich habe eine schöne, große Wohnung dort und dort.«
Es ist falsch zu sagen: »Ich habe keine Angst mehr, vor vielen Menschen zu sprechen.« Es heißt: »Es macht mir Freude, vor vielen Menschen zu sprechen.«
Falsch ist: »Ich falle bei meiner nächsten Prüfung nicht durch.« Richtig ist: »Ich bestehe alle meine Prüfungen (oder die Prüfung für das und das Fachgebiet) sicher und mit großer Ruhe, da mir all mein Wissen jederzeit zur Verfügung steht.«

Ihr Unterbewußtsein registriert keine Verneinungen.

Vom ersten Satz, »Ich bin nicht mehr dick«, würde es aufnehmen: »Ich bin dick.« Also, das wollen Sie doch nicht! Obwohl ich glaube, daß sich unsere Seele sehr an unseren innersten Empfindungen orientiert, behaupten Fachleute, daß diese Sprachregel unbedingt zu beachten ist. Das war nicht schwer zu erfüllen, also tat ich es. Was Erfolg bringt, hat recht – also vergessen Sie die paar Wörter: Nicht, nie, nichts, kein(e)(r), keinesfalls.

Wünschen Sie weise und überlegt

Die nächste wichtige Regel lautet deshalb: Ihre Wünsche dürfen keinem Menschen, keinem lebenden Geschöpf oder unserer Umwelt Schaden zufügen. Sie sollen in Einklang mit der Schöpfung gebracht werden – also niemals egoistisch oder zerstörerisch sein. Stellen Sie sich also auf keinen Fall vor, daß Ihren Chef der Herzschlag trifft, damit Sie seine Stellung bekommen. Wünschen Sie keinem Menschen Krankheit oder Tod. Lassen Sie Nachbars Baum, der Sie stört, nicht in Ihren Gedanken eingehen. Dieser Baum hat das Recht zu leben, und Ihr Nachbar liebt ihn. Sehen Sie einfach die Sonne, die in Ihr Fenster fällt, und überlassen Sie die Lösung der Weisheit des Universums.

Wenn Sie sich aus einer Bindung befreien wollen, um sich einem anderen Menschen zuzuwenden, überlegen Sie vorher gut, ob es wirklich Ihr innigster Wunsch ist. Es könnte eine Augenblickslaune, blinde Leidenschaft oder, ganz schlimm, kalte Überlegung sein: Diese Frau paßt nicht mehr in mein erfolgreiches Leben. Selbstverständlich gilt das gleiche für eine Frau: Nur weil Sie von einem Erfolgreicheren oder besser Aussehenden umworben werden, sollte Ihr langjähriger Partner nicht out sein.

Prüfen Sie sorgfältig, ob Sie frei von Schuld sind, wenn Ihre Partnerschaft an Disharmonie zu scheitern droht. Liegt es nicht vielleicht an Ihnen, daß dieser Mensch, den Sie einmal liebten, Ihnen fremd und gleichgültig wurde, daß Sie ihn vielleicht sogar hassen, und daß Sie glauben, er sollte durch einen anderen ersetzt werden? Oder ging Ihre Beziehung vielleicht nur an »Sprachlosigkeit« zugrunde? Dann machen Sie noch heute den ersten Schritt zur Verständigung.

Wenn Sie jedoch sicher sind: »Es ist etwas zu Ende, und

alles Durchhalten wäre nur weitere Qual«, dann beenden Sie die Beziehung. Dann hat diese Partnerschaft ihren Sinn verloren und würde für beide nur seelische und körperliche Krankheit und Beschränkung bedeuten. In diesem Fall bitte ich Sie: Lassen Sie in Ihre Vision miteinfließen, daß Sie sich in Freundschaft und Frieden trennen. Bitten Sie für den Menschen, den Sie verlassen, um Schutz und Hilfe, und behandeln Sie bei der Trennung diesen Menschen nicht wie einen Feind, sondern wie einen Freund. Vergessen Sie nicht, daß alles, was Sie einem anderen wünschen, auf Sie zurückkommen wird. Im Guten wie im Bösen!

Denken Sie daran, daß Ihr Unterbewußtsein ein treuer Diener ist, der nicht zweimal fragt: »Meinst du das auch wirklich so?«, sondern die Vorstellungen nach Ihren Anweisungen zu verwirklichen beginnt. Bedenken Sie also all Ihre Wünsche genau: Bevor Sie das große Haus beziehen, vergessen Sie den Beruf nicht, der das notwendige Einkommen sichert, um die Villa zu erhalten. Wünschen Sie sich nicht einfach einen Haufen Geld. Geld macht glücklich, wenn man damit sein Leben in Fluß bringt, das heißt sinnvolle Dinge damit tut. Überlegen Sie deshalb, was Ihr Dasein lebenswerter machen wird – und dann bitten Sie um die Erfüllung Ihrer Wünsche. So ist es besser!

Die Motivation

Denken Sie über die Motive nach, *warum* Sie etwas haben wollen. Sich einfach zu wünschen »reich zu sein«, weil man dann Macht hat, ist ein viel zu vages Ziel: Was ist für Sie reich, und welche Art Macht meinen Sie? Macht, die unterdrückt, oder Macht, die Ihren Mitmenschen hilft? Die wunderbarste Macht ist auf jeden Fall jene, die Ihnen hilft, Ihr Leben selbst schöpferisch zu gestalten.

Fragen Sie sich immer zuerst,
»warum« Sie etwas wollen,
und dann erst »wie« es sein soll.

Das *Warum* ist die Motivation, das *Wie* ergibt sich daraus. Im 7. Kapitel »Eigene Anlagen erkennen« schrieb ich: »Wenn Sie etwas von ganzem Herzen wollen, wenn Sie überzeugt sind, daß es für Sie gut und wichtig ist (und Sie niemandem damit Schaden zufügen), dann steht nichts auf der Welt der Erfüllung Ihres Wunsches im Wege.«
Denken Sie nun mit der Ratio, also unter Zuhilfenahme Ihres Verstandes, an die *Warums*. Warum will ich das Haus, das Auto, diesen Job, diese Frau, diesen Mann?
Wenn Sie das Haus wollen, um Ihre Freunde zu übertrumpfen, das Auto, um Ihr armseliges Ego aufzupolieren, den Job, um endlich etwas mehr Selbstbewußtsein zu bekommen (das Sie auf Grund fehlender Wertschätzung nicht haben), Macht, weil Ihnen einfach die Fähigkeit fehlt, richtig zu handeln, die neue Frau, weil Ihnen Ihre Ehefrau nicht mehr gefällt, einen bestimmten Mann, weil alle Bürokolleginnen auf ihn scharf sind, dann bekommen Sie (wenn Sie es glauben können) sicher auch diese Wünsche erfüllt – Ihr Glück wird es jedoch nicht werden!
Wenn Sie das Haus wollen, weil Sie die Natur lieben, in einem eigenen Garten arbeiten möchten und Ihre Kinder gerne im Grünen spielen sehen würden; wenn Sie das neue, größere Auto wollen, weil Sie viel Freude an einem schönen Wagen haben, mit Ihrer Familie gerne bequemer reisen würden; wenn Sie den Job möchten, weil er für Sie mehr geistige Herausforderung ist und Sie mehr Geld hätten, um sich und Ihre Familie besser zu versorgen, und

Sie dafür qualifiziert sind; wenn Sie Macht wollen, um damit für sich und andere besser sorgen zu können; diese Frau oder diesen Mann, weil Sie spüren, daß sie füreinander bestimmt sind, sich ergänzen und innig lieben – dann haben Sie allen Grund, sich auf die Zukunft zu freuen! Sie werden sehr bald erste positive Ergebnisse haben, wenn Sie in Ihre Träume auch noch Gefühle einfließen lassen!

Sehen, hören, fühlen, schmecken

Schließen Sie noch einmal die Augen und prüfen Sie, ob Sie, vorhin in Ihren Träumen, stehende Bilder oder einen fortlaufenden Film sahen. Spürten Sie Gefühle wie Freude, Liebe, Zuneigung, Befriedigung? Hörten Sie Stimmen? Nur Ihre eigene Stimme oder auch die Stimmen anderer Menschen?

Sind Sie sich nicht klar darüber, versetzen Sie sich in eine beliebige Situation aus der Vergangenheit, und lassen Sie diese vor Ihrem inneren Auge vorüberziehen. Egal, ob es sich um ein schönes oder ein trauriges Erlebnis handelt. Beachten Sie nun: Laufender Film oder Standbild? Starke, schwache oder keine Gefühle? Nur die eigene Stimme oder auch andere Stimmen, Dialoge?

Wenn Sie erkannt haben, wie Sie geistig etwas erleben, dann ist es soweit: Sie nehmen Papier und Schreibzeug und beginnen zu schreiben.

An einem Beispiel zeige ich Ihnen, wie Sie es machen sollen. Überlegen Sie während des Schreibens jedoch keinesfalls, *wie* Sie dieses Ziel erreichen können. Schreiben Sie einfach drauf los!

Das Muster eines Drehbuchs

Ich bin mit einem Mann verheiratet, der einige Jahre älter ist als ich. Er ist mittelgroß, dunkel und so weiter. (Beschreiben Sie jetzt wirklich Ihren Traummann oder Ihre Traumfrau, denn Ihr Unterbewußtsein braucht Anhaltspunkte. Ob er dann dunkelblond ist, ist nicht sicher. Er wird passen, wenn die Gefühle stimmen.) Er ist ein zärtlicher Ehemann (Sie können gerne ins Detail gehen), ein liebevoller Vater für meine Kinder (geben Sie die Wunschzahl an) und ein tüchtiger Lehrer (falls Ihr Traummann unbedingt Lehrer sein muß).

Mein Haus (Wohnung) hat eine große Küche, ein sonniges Wohnzimmer mit einem Erker, ein gemütliches Schlafzimmer, zwei Kinderzimmer, ein Kinderbadezimmer, ein großes Badezimmer für uns, eine Sauna und so weiter. Beschreiben Sie Ihr Haus, Ihre Wohnung und, wenn Sie es sich wünschen, zusätzlich Ihr Wochenenddomizil.

Ich habe ein eigenes kleines (großes) Auto, mit dem ich meine Besorgungen mache und in mein Geschäft (Büro, Werkstätte und so weiter) fahre. Ich habe eine Boutique für extravagante Damenmode, die ich mit einer lieben Freundin führe. (Halten Sie nun alle Details, die Sie sich wünschen, fest.)

Ich bin schlank und gesund, denn ich spiele wöchentlich zweimal Tennis und mache täglich zehn Minuten Gymnastik. Ich esse vernünftig, habe ein heiteres Gemüt und liebe meine Familie. (Falls Sie Single bleiben wollen: Ich habe einen lieben Freund/Freundin. Wenn Sie einen Harem brauchen und meinen, daß Sie diesem Zustand gewachsen sind, dann halten Sie das entsprechend fest. Es ist Ihre Vision.)

Ansonsten fahren Sie so fort: Ich habe einen netten Freundeskreis durch den Tennisclub (andere Clubs oder Vereine, bei denen Sie gerne Mitglied sein möchten), und ich lade mir oft (hie und da) Gäste ein. Mein Mann und ich gehen jeden Monat (Woche) einmal ins Theater, Konzert oder zum Tanzen. (Was begehrt Ihr Herz?)

Wir haben unser Haus längst abbezahlt, haben DM ... auf einem Sparkonto, denn damit fühle ich, daß meine Familie eine sichere Rücklage hat und für die Ausbildung unserer Kinder genug zur Verfügung steht. (Es bleibt Ihnen überlassen, wie groß Ihre Rücklage sein muß, um Ihnen das Gefühl der Sicherheit zu geben. Manche Menschen brauchen das nicht, Sie haben einfach das Gefühl, »für mich ist immer gesorgt«.) Setzen Sie den Betrag aber so an, daß er mit Ihrem innersten Bedürfnis wirklich übereinstimmt. Oder schreiben Sie einfach: »so viel, wie wir brauchen, um glücklich und sicher zu leben«.

Vergessen Sie nichts!

Denken Sie nochmals nach, ob Sie hinsichtlich Ihrer Arbeit, Ihrer Partnerschaft, Ihrer Familie, Ihres Heimes noch Wünsche haben, und ob Sie in körperlicher, seelischer, sozialer, finanzieller Hinsicht einen bestimmten Zustand erreichen wollen. Es kann eine Ausbildung (Studium) sein, die Sie absolvieren wollen, eine andere Geisteshaltung, eine Korrektur Ihres Aussehens, eine Veränderung Ihres Gesundheitszustandes, eine Änderung Ihres Berufsbildes – überlegen Sie, und schreiben Sie es nieder.

In zwei Stunden haben Sie alles geträumt und aufgeschrieben. Ich habe bereits viele Menschen dazu angehalten, es auf diese Art und Weise zu machen. Ich war bei ihnen, während sie träumten. Keiner brauchte länger als eine Stunde. Das Schreiben ging noch flotter. In einer weiteren halben Stunde hatten wir immer einen schönen Plan für die Zukunft mit allen Zielen beisammen. Sie sollten sich aber genug Zeit lassen, und Sie könnten auch einige Dinge überschlafen wollen. Denken Sie daran, Sie planen Ihre Zukunft!

Vom Start zum Ziel

Nachdem Sie es schwarz auf weiß haben, überlegen Sie, wie lange Sie sich Zeit geben, bis diese Vision Wirklichkeit ist. Seien Sie jetzt etwas realistischer. Natürlich könnten Sie in drei Wochen Millionär sein, wenn Sie in der Lotterie gewinnen. Halt! Haben Sie ein Los gekauft? Denn nun kommt die Frage: »Wie komme ich vom Start zum Ziel?« Ich hoffe, meine Antwort enttäuscht Sie nicht:

Sie kommen durch Handeln zum Ziel!

Glauben und Handeln

Handeln heißt, etwas in Bewegung setzen, etwas tun, etwas ausführen.

Träumen allein führt nicht zum
gewünschten Ergebnis!

So wie Sie das Los kaufen, um zu gewinnen, also eine Handlung setzen, so ist es zielführend, daß Sie von nun an jeden Tag Ihr Mentaltraining absolvieren und alle Aktivitäten in Angriff nehmen, zu denen Sie das Leben auffordern wird. Sie sollten aufmerksam sein und alle Chancen erkennen, die Ihnen nun geboten werden. Denn Sie werden – schön langsam oder sehr bald – den berühmten »Zufall« erleben.

Es werden Menschen, Bücher, Gespräche und
Situationen in Ihr Leben treten,
die Handlungen verlangen.

Haben Sie keine Angst vor der Zukunft! Es ist leicht, das zu tun, wozu Sie Ihr höchster Geist drängt. Wenn Sie Ihre Vision glauben konnten, sich damit identifiziert haben, dann können Sie auch die erforderlichen Handlungen bewältigen. Lassen Sie sich vom Leben spielerisch tragen. Seien Sie von nun an voll Zuversicht, und nehmen Sie als absolut sicher an, daß Fülle, Liebe und Glück Ihr legales Recht im Sinne der Schöpfung sind und Sie diesen natürlichen Zustand erreichen werden.

Nachdem Sie alles aufgeschrieben haben, setzen Sie den letzten Schritt: Sie nehmen die Aufzeichnungen Ihrer Ziele und lesen jedes einzelne durch (also zum Beispiel Partnerschaft, Beruf, materielle Ziele, Freunde und so weiter). Wählen Sie die Reihenfolge, wie Sie Ihnen wichtig und richtig erscheint.

Nachdem Sie das entsprechende Ziel durchgelesen haben, schließen Sie die Augen und visualisieren Sie es – das heißt, Sie sehen es vor Ihrem inneren Auge. Denken Sie daran:

Ein Bild sagt mehr als tausend Worte.

Vergessen Sie nie, daß Ihre inneren Bilder Ihr Leben gestalten. Also schaffen Sie sich nun Bilder, die wirklich Ihr Herz erwärmen, Sie glücklich machen und absolut der Inbegriff Ihrer Sehnsüchte und Träume sind.

Das Visualisieren

Es gibt Menschen, die nur Ihre Augen schließen müssen, um Bilder zu sehen oder eine Bildfolge (oder einen Film) mühelos ablaufen zu lassen. Ich kann ganz leicht alles visualisieren – in einem Bild oder einem Film. Aber ich habe viel Übung. Haben Sie damit Probleme, üben Sie diese Technik.

Wenn Sie meinen Weg durch die Farbenlandschaft aus dem 2. Kapitel »Still-werden« schon öfter gegangen sind, ist der erste Schritt bereits getan. Durch tägliches Üben haben Sie bestimmt in zwei Wochen die Felder der Farben vor Ihrem inneren Auge.

Visualisierung ist die bildhafte Vorstellung
Ihrer Zukunft.

Übungen zum inneren Sehen

Sie können folgende Übung machen, um die Technik des Visualisierens zu erlernen:

Beginnen Sie, indem Sie eine Blume nehmen, diese genau anschauen, daran riechen und dann die Augen schließen. Sagen Sie laut das Wort: Rose (oder den entsprechenden Namen der Blume).

Nun schließen Sie die Augen und versuchen Sie, diese Blume vor Ihrem inneren Auge zu sehen. Versuchen Sie, auch den Duft einzuatmen, wenn Sie Düfte gerne mögen, und fühlen Sie die Weichheit der Blütenblätter oder die Dornen des Stengels.

Nehmen Sie das Beispiel eines Hauses, zum Beispiel eines, das Ihrem Traumhaus gleicht, schauen Sie es an, schließen Sie die Augen, sprechen Sie das Wort »Haus« und sehen Sie es.

Schauen Sie sich das Bild eines üppigen Gartens an, schließen Sie die Augen, sprechen Sie das Wort »Garten« und sehen Sie ihn. Riechen Sie den Duft eines blühenden Apfelbaumes und hören Sie, wie der Wind die Zweige bewegt.

Nehmen Sie das Foto eines Menschen, der in Ihrem Leben Bedeutung hat oder bekommen soll. Prägen Sie sich sein Gesicht und seine Gestalt ein. Sagen Sie seinen Namen, oder sagen Sie: »Meine Traumfrau/Traummann sieht ähnlich aus.« Schließen Sie die Augen und sehen Sie ihn oder sie. Tasten Sie dieses Gesicht ab, stellen Sie sich die Farbe der Augen vor, sehen Sie die Lachfalten, legen Sie die Hände um dieses Gesicht und fühlen Sie die Weichheit der Haut (oder die Kratzbürstigkeit eines Bartes). Hören Sie die dazugehörige Stimme. Genießen Sie diese Bilder!

Nehmen Sie ein Foto, auf dem Sie so schlank oder mollig und schön sind, wie Sie werden wollen. Oder machen Sie sich eine Fotomontage, indem Sie eine passende Figur aus einer Zeitschrift ausschneiden und Ihren Kopf draufkleben. Sie haben damit Ihre Traumfigur kreiert. (Bleiben Sie aber einigermaßen realistisch, denn eine mollige Frau ist genauso schön wie eine gertenschlanke Frau und weiblicher als eine Twiggy.) Prägen Sie sich dieses Wunsch-Aussehen gut ein. Schließen Sie die Augen und sehen Sie sich mit Ihrem neuen Outfit.

Visualisieren läßt sich sehr gut lernen. Immer wenn Sie einen Augenblick Zeit haben, schließen Sie die Augen und stellen Sie sich einen möglichst signifikanten, wichtigen Begriff aus Ihrem Film vor (zum Beispiel Ihren Partner, Ihre neue Stellung, Ihr Aussehen, Ihr Haus, Ihr Auto, Ihr Büro). Auch hier gilt – Übung macht den Meister. Und nachdem noch kein Meister vom Himmel gefallen ist – haben Sie Geduld mit sich.

Lernen Sie die Einstellungen zu machen
(die Bilder beziehungsweise den Film),
legen Sie die Drehorte fest
(Ihr Heim, Büro, Werkstätte, Geschäft,
Tennisplatz, Konzertsaal und so weiter),
beginnen Sie zu.spielen.

Assoziiert heißt: Ich bin Akteur!

Schauen Sie sich nicht zu, wie Sie agieren!
Sie sind Akteur und nicht Zuschauer!

Ein Schauspieler schaut sich nicht zu – er ist mitten im Geschehen. Er gestaltet, er spricht, fühlt, lacht, liebt, weint, trauert, begreift! Er handelt nach dem Drehbuch (das Sie geschrieben haben), und er lebt die Handlung! Wenn Sie das tun, sind Sie assoziiert.

Bestimmt haben Sie schon davon gehört, daß begnadete Schauspieler sich so sehr mit einer Rolle identifizieren, daß sie für die Zeit, in der sie diese Person verkörpern, ihre Persönlichkeit zum Rollenbild hin verändern und diese Prägung auch in ihrem Privatleben für einige Zeit nicht ablegen. Genau das ist es, was Sie tun!

Verändern Sie Ihre Persönlichkeit: Wie im Film – so im Leben! Bleiben Sie auch nach der täglichen Dreharbeit (dem täglichen Visualisieren) in der Rolle des Erfolgreichen. Sie sollten sich jedoch auch deshalb mit Ihrer Rolle assoziieren, damit Sie fühlen können, ob diese Zukunft Sie glücklich macht. Durch diese Taktik erkennen Sie, was Sie wirklich mit Kraft und Freude erfüllt.

Kennen Sie Ihr Glück?

Fühlen Sie sich nach Beendigung Ihres Zukunftstraumes nicht glücklich, dann stimmt etwas nicht. Entweder waren Sie zu sich nicht ehrlich, das heißt, Sie haben sich etwas vorgemacht, oder Sie haben von Zielen geträumt, mit denen Sie sich nie identifizieren und die Sie schon gar nicht glauben können – oder Sie haben noch keine Ahnung, was Sie wirklich glücklich macht.

Dann beginnen Sie noch einmal von vorne und werden beim nächsten Mal die Erfüllung Ihres Lebens erkennen! Wenn Sie das 6. Kapitel »Wie erreiche ich innere Erfüllung« gut studieren, verstehen Sie bald Ihre innere Stimme, und Ihr höchster Geist wird Ihnen helfen, denn er weiß schon, was Sie wirklich brauchen. Dann werden auch Sie nach dem Traum ein Lächeln auf den Lippen haben – und so paßt alles zusammen!

Monologe, Dialoge

Sind Ihre Bilder oder Ihr Film mit Monologen oder Dialogen ausgestattet, ist Ihnen das Wort also genauso wichtig, dann sprechen Sie, das heißt, hören Sie mit Ihrem inneren Ohr den Text.

> Zu beachten ist: Sprechen Sie
> in der Gegenwart!

Pflegen Sie den Monolog, wenn Sie Strategien festlegen, Ihre Glücksgefühle äußern oder sich loben. Wenn Sie mit Ihren jeweiligen Partnern (Ehepartner, Freund, Chef, Kollegen, Bekannten und so weiter) sprechen, dann pflegen Sie den Dialog.

Sagen Sie (in Ihrem Glücksfilm), um sich Ihren materiellen Wohlstand bewußt zu machen, zu dem Angestellten in der Bank: »Wie ist mein derzeitiger Stand der Wertpapiere?« Hören Sie ihn antworten: »230 000,00 DM. Die fälligen Zinsen noch nicht eingerechnet. Wir freuen uns, daß Sie unser Kunde sind. Hoffentlich stellen wir Sie immer zufrieden.« Sie antworten: »Ich habe mich gut über Ihr Institut informiert und weiß, daß ich auf Ihren Rat hören kann.« Das könnte ein möglicher Dialog sein.

Oder sagen Sie zu sich, wenn Sie im neuen Wagen sitzend nach Hause fahren: »Junge, du warst tüchtig, diesen Riesenerfolg hast du dir redlich verdient. Das Auto ist die Belohnung dafür!« So könnte sich ein möglicher Monolog anhören.

Machen Sie (in Ihrem Film) Ihrer Frau oder Freundin, oder selbstverständlich auch Ihrem Mann, Komplimente. Gestehen Sie ihr oder ihm Ihre Zuneigung. Machen Sie das, was Sie vielleicht noch nie oder schon lange nicht mehr taten: ein Liebesgeständnis! (Das könnten Sie übrigens auch ohne Film tun, gleich heute.)

Ihnen ist sicher klar, daß Sie nicht sagen sollen: »Ich habe dich geliebt« oder »Ich werde dich lieben«, sondern: »Ich liebe dich!« Alle Gespräche finden in der Gegenwart statt! Wenn Sie einen Stummfilm bevorzugen oder nur schöne Bilder Ihrer Ziele sehen wollen, okay! Beides ist genauso gut, wie einen Film zu drehen. Sie bestimmen, was für Sie besser ist. Probieren Sie es aus – tun Sie, was Ihnen leichter fällt und Sie mehr anspricht. Spüren Sie genau hin: Was macht mir denn mehr Spaß?

Nun sollten Sie, wie jeder gute Schauspieler, Gefühle und Emotionen in die Handlung einbringen.

Mit viel Gefühl und Emotionen
geht es schneller!

Spüren Sie die liebevolle Nähe Ihres Partners, berühren Sie seine Haut, riechen Sie seinen Duft, streichen Sie über sein Haar.

Nehmen Sie die Helle Ihrer Wohnung in sich auf, lassen Sie im Garten die Sonne durch die Bäume auf Ihre Haut scheinen, atmen Sie den erdigen Geruch ein.

Fühlen Sie die stürmische Umarmung Ihrer Kinder, bevor Sie zur Schule gehen, und spüren Sie, wie Ihr Herz vor Liebe schmilzt.

Streichen Sie über die Polsterung Ihres neuen Wagens, riechen Sie den typischen Geruch eines neuen Autos, fühlen Sie den Stolz über Ihre Tüchtigkeit, die Ihnen den Kauf ermöglicht hat.

Erleben Sie das Gefühl der Befriedigung nach einem erfolgreichen Geschäftsabschluß. Spüren Sie die anerkennenden Blicke Ihrer Mitarbeiter oder Ihres Chefs.

Freuen Sie sich, wenn ein Werkstück perfekt geworden ist. Halten Sie es in der Hand, streichen Sie darüber, und verspüren Sie Genugtuung über Ihre Leistung.

Fühlen Sie sich in Ihrem Geschäft, Ihrem neuen Büro, Ihrer gut eingerichteten Werkstätte so richtig wohl. Genießen Sie das Gefühl der Bewunderung, das die Einrichtung bei Besuchern hervorruft.

Wenn es Ihnen wichtig ist, erleben Sie den Triumph eines gewonnenen Tennismatches. Oder das Hochgefühl nach einem Zehn-Kilometer-Lauf. Oder das Körpergefühl schlank und rank zu sein. Betrachten Sie sich im Spiegel (Ihres Filmes), und erkennen Sie voll Freude, daß Sie anziehend, attraktiv, strahlend sind. Fühlen Sie Ihre neue Beweglichkeit.

Erleben Sie das Gefühl der Gesundheit, die Kraft in Ihrem Körper, die neue Vitalität. Spüren Sie das Wohlbehagen eines perfekten Körpers.

Gefühle und Emotionen sind besonders wichtig

Wenn Ihr größter Wunsch eine liebevolle Beziehung ist, widmen Sie sich ganz besonders den Gefühlen. Lassen Sie alle Emotionen in sich zu, die diese größte Kraft in uns hervorbringt: Beginnen Sie mit Zärtlichkeit und steigern Sie sich. Haben Sie schon etwas von Leidenschaft gehört? Ich glaube, da brauche ich nicht ins Detail zu gehen.
Halten Sie sich daran: Je inniger, desto besser!
Ich bin überzeugt, Sie haben erkannt, worum es geht. Gehen Sie spielerisch damit um. Seien Sie ein Künstler. Lassen Sie Ihrer Kreativität freien Lauf.

Sie sehen, hören, spüren,
wie sich Ihr künftiges Leben abspielt.
Ihr Film (oder Ihre Bilder)
nimmt die Zukunft vorweg!

Ich hoffe, Sie wissen jetzt, wie Ihr Glücksfilm aufgebaut werden muß.

Dissoziiert heißt: Ich schaue mir zu

Aus Amerika stammt eine Psychotechnik, die man Neuro-linguistisches Programmieren, kurz NLP nennt. Man kann NLP als eine Technik erklären, die dem Menschen (unter anderem) hilft, seine alten Ängste, schlechten Gewohn-heiten und so weiter, also seine alten negativen Pro-gramme in (bewußt) positive umzuwandeln. Wobei pro-grammieren nicht so zu verstehen ist, daß man sich zu einer willenlosen Puppe trimmt, sondern man lernt einfach, sein Gehirn besser zu nutzen. (Im Literaturverzeichnis nenne ich Ihnen einige sehr gute Bücher dazu.) Diesen Ausflug ins NLP mache ich nur deshalb, weil die Erfinder des NLP, der Linguist Richard Bandler und der Mathematiker und Computerfachmann John Grindler, entdeckt haben, daß ein Ziel beim Mentaltraining dadurch besser erreicht wird, wenn man eine gewisse Spannung herstellt. Diese Spannung entsteht dadurch, daß man sich zeitweise die Vision der angestrebten Zukunft *dissoziiert* vorstellt. Das heißt, man sieht sich den Film (die Bilder) *als Zuschauer* an. Bandler und Grindler haben durch viele Analysen nachgewiesen, daß das Unterbewußtsein glaubt, wenn Sie immer nur Akteur sind, »ist ja alles schon erfüllt, braucht nichts mehr getan zu werden«. Damit, daß Sie – so alle zwei Wochen ein paarmal – dissoziieren, erkennt Ihr Unterbewußtsein, daß die Erfüllung noch nicht eingetreten ist.

Ich will Sie absolut nicht verunsichern, sondern Ihnen nur diese ganz neue Erkenntnis nicht vorenthalten. Aus eigener Erfahrung weiß ich jedoch, daß jede Bemühung, Ihr Leben neu zu gestalten, belohnt wird, wenn Sie Ihr Mentaltraining ehrlichen Herzens machen und Ihr Geist davon aufrichtig erfüllt ist.

Ich gebe Ihnen anschließend noch eine Kurzfassung der einzelnen Schritte des Mentaltrainings. Überprüfen Sie Ihr Programm daraufhin, ob Sie nichts vergessen haben.

So erstellen Sie Ihr Mentalprogramm

1. Sie träumen von allem, was Sie in Ihrem Leben erreichen wollen (Gesundheit, Liebe, Beruf, Geld, Studium und so weiter), es gibt keine Einschränkungen. Sie müssen

sich die Erfüllung jedoch vorstellen können, sich damit identifizieren und *daran glauben* können! Sonst gibt es keine Begrenzungen, außer in Ihren Gedanken.

2. Sie beginnen Ihr Drehbuch zu schreiben. Formulieren Sie positiv und achten Sie darauf, mit Ihren Wünschen niemandem zu schaden!

Fragen Sie sich immer zuerst, »warum« will ich das, dann erst, »wie« soll es sein.

3. Prüfen Sie, ob Sie nur Standbilder produzieren oder einen laufenden Film drehen wollen. Sprechen Sie nur mit sich selbst (Monologe), oder hören Sie mehrere Stimmen (Dialoge)? Es kann auch ein Stummfilm sein, oder Sie schaffen sich Standbilder ohne Ton. Machen Sie die Bilder schön hell, und holen Sie sich wichtige in Großaufnahme näher.

4. Lesen Sie das Drehbuch, Szene für Szene, und beginnen Sie zu spielen. Sie sind Darsteller und nicht Zuschauer! Legen Sie all Ihre Gefühle und Emotionen in Ihre Darstellung. Sie sollten ein großartiger Schauspieler sein, der sich mit seiner Rolle identifiziert – leben Sie Ihre Zukunft!

Ein Profi hat mehr Erfolg

Lernen Sie Ihre Rolle. Es ist wichtig, sie zu können und wie ein Profi zu spielen. Sie werden sehen: Durch die Kombination von Bildern, Worten, Gefühlen wird Ihre Zukunftsvision – nach einiger Zeit – nicht länger als fünfzehn Minuten dauern.

Alles, was mehr Zeit in Anspruch nimmt, ist Fleißarbeit. Selbstverständlich können Sie etwas variieren. An Tagen mit viel Zeit zur Mentalarbeit schmücken Sie alles aus.

Ergehen Sie sich in angenehmen Kleinigkeiten. Sehen Sie Details. Hören Sie lobende oder liebende Worte. Spüren Sie angenehme Berührungen, riechen Sie Düfte und so weiter.

Tun Sie es immer dann, wenn Sie das Bedürfnis danach haben. Aber behalten Sie die Handlung bei.

Jeden Tag eine neue Handlung
ist vergeudete Zeit!

Ihr Unterbewußtsein braucht eine gewisse Weile, um sich auf die Marschrichtung einzustellen – um zu erkennen, was gewünscht wird.

Wenn Sie einem Freund etwas schenken wollen und fragen: »Was wünschst du dir?«, und er sagt: »Ein Buch« und nach weiteren fünf Minuten: »Nein, lieber eine CD« und nach noch einmal drei weiteren Minuten: »Vielleicht doch lieber eine Kassette«, dann werden Sie bestimmt sagen: »So, lieber Freund, jetzt überlege dir, was du wirklich willst, und dann erst werde ich es kaufen.« Genauso geht es Ihrem Unterbewußtsein und Ihrem höchsten Geist.

Natürlich kann es sein, daß Sie plötzlich erkennen: Das ist mir auf einmal nicht mehr wichtig! Okay – korrigieren Sie die Szene oder streichen Sie sie. Aber verändern Sie nicht jede Woche Ihr Drehbuch. Darum wies ich darauf hin, genau zu überlegen, »warum« will ich die Erfüllung dieses Wunsches!

Hat sich ein Wunsch erfüllt, können Sie einen neuen einfügen – wenn wieder ein echtes Bedürfnis in Ihr Bewußtsein tritt.

Sollte Ihnen diese Mentalarbeit ein wenig mühselig vorkommen, so halten Sie sich vor Augen: Wenn Sie darangehen, werden Sie merken, daß es eine schöne Beschäftigung ist, überhaupt nicht schwer und aufwendig – und letztendlich geht es um Ihre Zukunft:

Beginnen Sie zu handeln!

Ein anderer Bewußtseinszustand

Jetzt werden Sie sich noch in einen absolut entspannten, aufnahmebereiteren Zustand, den man als »Alpha-Zustand« bezeichnet, versetzen und Ihre Vision ablaufen lassen – und Sie beginnen Ihr neues Leben zu gestalten!
Lassen Sie sich von dem Wort »Alpha-Zustand« nicht verwirren oder ängstigen. Wie Sie sicher wissen, produziert unser Gehirn wellenartige Schwingungen elektrischer Energie, die bestimmten Bewußtseinszuständen entsprechen. Die Einheit für diese Frequenz wird in Hertz gemessen.
Während unseres Wachzustandes, also im Zustand der Aktion, arbeitet das menschliche Gehirn auf einer Frequenz über dreizehn Hertz. Das ist der Beta-Zustand.
Während des Alpha-Zutandes, den man als wohligen Entspannungszustand bezeichnen könnte – als ob Sie ein Nickerchen machen –, arbeitet das Gehirn im Bereich von acht bis dreizehn Hertz.
Der Vollständigkeit halber erwähne ich noch zwei Zustände: den Delta-Zustand, einen Schlafzustand (unter vier Hertz) und den Theta-Zustand, der einer tiefen Meditation gleichkommt (vier bis acht Hertz).
Sie werden nicht glauben, wie leicht Sie sich in den Alpha-Zustand versetzen können. Vor allem, wenn Sie schon ein etwas geübter »Stiller« sind.

Der Alpha-Zustand

Sie erreichen den Alpha-Zustand, indem Sie sich zuerst etwas zur Ruhe bringen. Falls Sie sehr nervös und überdreht sind, machen Sie beispielsweise vorher die Farben-Meditation. Es braucht keinesfalls meine Art der Meditation sein. Wenn Sie Ihren Geist und Körper auf eine andere Art beruhigen können, ist es auch richtig. In diesem entspannten Zustand haben Sie die Augen geschlossen. Sie rollen nun Ihre Augen nach oben. Das heißt, Sie versuchen – mit geschlossenen Augen – Ihre Stirnmitte zu sehen.

Lenken Sie nun Ihre ganze Aufmerksamkeit auf Ihren Atem. Er soll ruhig und tief sein. Verfolgen Sie, wie er fließt: durch die Nase in Ihre Lungen – und wie er langsam wieder durch die Nase oder den Mund (was Ihnen angenehmer ist) Ihren Körper verläßt. Beobachten Sie Ihren Atem.

Tun Sie das sieben bis zehn Atemzüge lang. Dann sind Sie im Alpha-Zustand. Es dauert etwa sechzig Sekunden bis Sie ihn erreicht haben. Dann hat sich Ihr Bewußtseinszustand verändert. Wären Sie an ein Gerät angeschlossen, das Ihre Gehirnströme aufzeichnet, könnten Sie das Zunehmen der Alpha-Wellen verfolgen.

Ich erkläre Ihnen nun noch zwei Möglichkeiten, den Alpha-Zustand zu erreichen – probieren Sie aus, was Ihnen angenehmer ist: Sie stellen sich (immer mit geschlossenen Augen) eine helle Tafel oder einen Bildschirm – etwas über Augenhöhe – vor, auf dem Sie mit dunkler Farbe (Blau oder Lila wäre gut) die Zahlen von neun bis eins malen und diese geschrieben sehen. Zehn ruhige Atemzüge dazu – auch so setzt die Verlangsamung Ihrer Gehirnströme ein. Profis erreichen den Alpha-Zustand auch mit offenen Augen, indem sie ihren Blick »weich« werden lassen und auf einen bestimmten, etwas erhöht liegenden Gegenstand lenken.

In diesem Zusammenhang möchte ich Sie auf die dynamische Entspannungsmethode nach José Silva hinweisen. Es gibt dazu das wunderbare Buch »Mit der Silva-Mind-Methode zu mehr Entspannung, Gesundheit und Lebensglück« von Maria Sorel, das sehr genau zum Erreichen des Alpha-Zustandes anleitet und Sie erkennen läßt, wie wichtig es ist, diese Frequenz zu benützen. Ich habe selbst einen Silva-Mind-Control-Kurs besucht und kann diese Möglichkeit der effektiveren Nutzung der rechten, kreativen Gehirnhälfte, der Bewußtseinserweiterung und Streß-Kontrolle jedem wärmstens empfehlen. (Siehe auch Literaturhinweise.)

Auf jeden Fall erkennen Sie sicher sehr bald, wie sich der erreichte Alpha-Zustand anfühlt: Sie werden ruhig, gelassen, gelöst, vergessen Hektik und Alltag, und Sie werden dadurch zunehmend intuitiver.

Lassen Sie nun Ihren Glücksfilm oder Ihre Bilder oder Ihren Stummfilm vor Ihrem inneren Auge ablaufen.

Leben Sie Ihren Film!
Erleben Sie Ihre glückliche Zukunft!
Was Sie jetzt tun, gestaltet Ihre neue Welt!

Die Praxis der Mentalarbeit (Wunscherfüllung)

Diese Praktiken wirklich im Schlaf abzuspulen, ist für Sie lebensgestaltend! Ich wiederhole Ihnen deshalb die Schritte, die Sie tun, um Ergebnisse zu erzielen:

1. Entspannen Sie sich (wenn notwendig durch meine Art der Meditation aus dem 3. Kapitel oder durch eine andere Technik). Sie wissen, wann Sie in einem entspannten

Zustand sind: wenn Ihr Körper, Ihr Geist und Ihre Seele ruhig sind.

2. Sie rollen Ihre geschlossenen Augen zur Stirnmitte (oder Sie wählen eine der anderen Möglichkeiten).

3. Sie atmen ruhig und tief zehnmal ein und aus und verfolgen den Fluß Ihres Atems. Sie sind im Alpha-Zustand.

4. Sie lassen nun die höchste Vision Ihrer Zukunft vor Ihrem inneren Auge ablaufen.

Erleben Sie *jetzt* das Glück Ihrer Zukunft!

Denken Sie daran:

Mit viel Gefühl und Emotionen
geschehen die Wunder in Ihrem Leben schneller!

5. Sprechen Sie die nachfolgende Formel laut aus! Egal, ob Ihnen daran etwas komisch vorkommt oder nicht, machen Sie es.

Ich bin ....
So ist es! Es wird getan!

Setzen Sie ein: Ich bin *jetzt* eine selbstbewußte, glückliche, erfolgreiche Frau.

Oder: Ich bin *jetzt* ein begnadeter Sänger (ein erfolgreicher Bankkaufmann, eine liebevolle Lehrerin und so weiter).

Oder: Ich bin *jetzt* ein glücklicher Ehemann und ein erfolgreicher Geschäftsmann.

Oder: Ich bin *jetzt* ein völlig gesunder Mensch.

Fassen Sie dabei Ihre Zukunft in einige Worte. Keine langen Tiraden – Sie haben Ihrem Unterbewußtsein ja Ihre Vision bereits ausführlich gezeigt.

Vergessen Sie das Wort *jetzt* nicht!
Diese Sätze sind ein Ritual!

Ich habe auf den Bildschirm meines Computers den Spruch geklebt:

Zerbrich dir nicht den Kopf!
Tu es einfach!

Ich bitte Sie, diesen Spruch zu befolgen und ab jetzt täglich Ihre Mentalarbeit zu machen.

Halten Sie stets Ihre Ziele in Ihrem Bewußtsein fest

Sie werden ungefähr eine halbe Stunde dazu brauchen. Wenn es sein muß, kann es auch schneller gehen. Aber lassen Sie sich diese so unendlich wichtige Zeit nicht nehmen. Versuchen Sie, den gleichen Zeitpunkt einzuhalten. Sorgen Sie dafür, daß Sie während dieser Zeit ungestört sind! Das sind Voraussetzungen für Ergebnisse.

Machen Sie dieses Training
zu einem Teil Ihres Lebens,
denn es ist Ihre Zukunft,
die nur Sie, Sie alleine, gestalten können!

Tun Sie es, werden Sie gesund sein. Sie bekommen ein ruhiges Gemüt, und Sie erreichen Ihre Ziele, die zu Ihnen passen. Glauben Sie mir:

So ist es! Es wird getan!

Ich möchte noch einmal betonen, daß Sie nicht lustlos Ihren Film abspulen sollten. Es sind doch nur schöne Dinge, die Sie visualisieren – also versetzen Sie sich in diesen Zustand der Vollkommenheit Ihres Lebens. Lassen Sie sich nie beirren, und glauben Sie fest daran, daß Ihr Unterbewußtsein und Ihr höchster Geist Sie mit aller Macht dahin bringen werden.

Glauben Sie ganz fest an die Macht
Ihrer Gedanken,
und halten Sie Ihre Ziele stets
in Ihrem Bewußtsein.

Identifizieren Sie sich mit Ihren Zielen, und tun Sie bereits jetzt so, »als ob« Sie der erfolgreiche, geliebte, gesunde, harmonische Mensch seien, zu dem Sie werden wollen. Auch dieses stete

»Tun als ob«

prägt sich Ihrem Unterbewußtsein ein. Sie werden sich auch äußerlich dadurch schneller verändern. Wenn Sie mir vertrauen und jeden Tag zumindest die wichtigsten Passagen sehen, hören, spüren, wird Ihre Zukunft bald anders. Haben Sie ein, zwei Monate Geduld, auch Sie schaffen es! Sie bringen es nach einiger Zeit gar nicht mehr zustande, Ihr Bewußtsein auf all den Seelenmüll zu richten, der Ihnen täglich z. B. via Medien serviert wird.
Denken Sie an das Gesetz der Entsprechung: Wie innen, so außen – sind Sie rücksichtsvoll, wird man Sie auch so behandeln, zeigen Sie sich gelassen und mutig, wird man Sie respektvoll behandeln, sind Sie liebevoll, wird Liebe und Zuneigung zu Ihnen zurückfließen . . .

Überall und jederzeit

Erinnern Sie sich, daß ich im 2. Kapitel »Still-werden« schrieb: »Später werden Sie die Zeit in einer überfüllten Untergrundbahn für Ihr Mentaltraining nutzen lernen.« Bald werden Sie so weit sein und es machen wie ich.

Ich schließe, egal ob im Flugzeug, in der Straßenbahn, im Bus, ob leer oder überfüllt, meine Augen (auch meine Taschen!), versetze mich in den Alpha-Zustand und schaue mir einzelne Filmausschnitte oder auch nur Bilder, die für mich besonders wichtig und schön sind, an. Ich vergrößere Bilder, mache Sie heller und bunter (Sie können Sie auch mit einem weißen oder goldenen Rahmen versehen) – hole sie nahe heran und genieße sie. Wenn mich jemand verdutzt anschaut, weil ich ein Lächeln im Gesicht habe – na und, der stirbt doch nur vor Neugierde, weil er gerne wüßte, was ich denke.

Ich möchte Ihnen den Begriff »Bilder anschauen« noch dahingehend erläutern, daß Sie natürlich nicht gestochen scharfe Fotos sehen müssen. Sie hören ja auch Ihre innere Stimme nicht laut sprechen – es ist *das Gefühl*, sie zu hören. Manche werden die Bilder sehr genau sehen, aber es genügt, *sie sehend zu fühlen*.

Sie haben zehn Sinne

Sie können eine Berührung in Ihrer Phantasie fühlen, ohne daß jemand Sie streichelt.

Ich hoffe, Sie verstehen, daß Sie Ihre fünf Sinne, die in Ihrem Emotionalkörper zu Hause sind, auch benützen sollen. Denn zu Ihrem äußeren Gesichts- oder Sehsinn gibt es auch einen inneren. Genauso ist das mit dem

Gehör-, Geruchs-, Geschmacks- und Tastsinn. Dem äußeren Sinn ist ein innerer zugeordnet. Vielleicht fällt Ihnen das erst jetzt auf, doch wir sind perfekt – eben göttlich – geschaffen! Wir haben eigentlich zehn Sinnesorgane.

> Lassen Sie Ihre inneren Sinne
> nicht brachliegen.

Ich schrieb bereits, daß, als ein Ergebnis Ihrer Mentalarbeit, neue Menschen in Ihr Leben treten werden, die Ihnen helfen können. Oder Sie werden mit Situationen konfrontiert, die nützlich sind, in denen Sie Ihre Fähigkeiten beweisen können. Es werden Ihnen Bücher in die Hand kommen, die Sie lesen sollen, denn Sie werden für Sie förderlich sein.

Ihr Unterbewußtsein wird Sie führen und Sie zum Handeln anregen. Tun Sie es – es sind die Schritte zum Ziel.

Prägen Sie sich ein chinesisches Sprichwort ein, es paßt sehr gut:

> »Die Knöpfe liegen vor dir,
> annähen mußt du sie selbst!«

9. Kapitel

Im 9. Kapitel lesen Sie,

- wie Sie zu körperlichem Wohlbefinden kommen
- was Sie für Ihr körperliches Wohl tun können
- wie wichtig Lebenslust ist
- wie Sie sich der Freude öffnen
- daß richtige Ernährung sehr wichtig ist
- was das Prinzip der Trennkost ist
- warum »getrennt« wird
- daß wir zur Bewegung geboren sind
- wie man verschiedene Bewegungsarten kombinieren kann
- wie schön Freude an der Bewegung ist
- was Sie über die Atmung wissen sollten
- daß Sauerstoff ein Lebenselixier ist
- wie Sie eine Atemübung richtig ausführen

- daß Atmen eine Therapie sein kann
- daß es schön ist, wenn man Sie »gut riechen« kann
- wie Sie Abwechslung in Ihr Fitneßprogramm bringen
- daß »Lachen die beste Medizin« ist

Wie komme ich zu körperlichem Wohlbefinden?

Daß Sie für Ihr körperliches Wohl etwas tun können, steht außer Zweifel – aber muß man für sein körperliches Wohlbefinden etwas tun? Braucht man körperliches Wohlgefühl überhaupt? Nun, wenn Sie antworten: »Es ist mir egal, ob ich dick oder dürr, kurzatmig, unbeweglich, unattraktiv, oft kränklich, unzufrieden, müde, nervös und unglücklich bin«, dann brauchen Sie für Ihr körperliches Wohlbefinden nichts zu tun. Es fielen mir noch einige Zustände ein, die in direktem Zusammenhang damit stehen, aber diese Auflistung genügt.

Was kann ich für mein körperliches Wohl tun?

Selbstverständlich müssen Sie nur ganz wenige Dinge im Leben tun. Sie müssen atmen, die unverdaulichen Nahrungsrückstände wieder abgeben, sterben – auf diese Vorgänge haben Sie keinen sehr großen Einfluß. Das heißt, Sie haben einen gewissen Einfluß darauf, *wie* Sie atmen, *wie* Ihre Verdauung funktioniert und sogar, bis zu einem gewissen Grad, darauf, *wie und wann* Sie sterben werden.

Sie haben aber eine unendliche Palette von Möglichkeiten, gut zu Ihrem Körper zu sein, um von ihm dafür mit einem Wohlbefinden belohnt zu werden, das ein wichtiger Bestandteil dessen ist, was ich

Lebenslust

nenne. Es ist die Freude, mit diesem Körper, in dieser Welt zu leben, und ich meine, wir haben die Verpflichtung, mit unserer stofflichen Hülle pfleglich umzugehen.

Öffnen Sie sich der Lebensfreude

Ich war vor kurzer Zeit für eine Woche auf einer Insel, die im Winter sommerliche Temperaturen bietet. Mein täglicher Spaziergang führte am Meer entlang und dauerte zwei Stunden. Ich benützte die meiste Zeit dazu, mir klarzumachen, wie schön die Welt ist: das Meer, einmal glitzernd und still in seiner Unendlichkeit, einmal ungebärdig, aufbrausend, erinnernd daran, daß wir winzig und machtlos gegen die Elemente sind. Ich nahm die Sonne, den Wind, den Geruch des Meeres, den Sand unter meinen nackten Füßen mit Dankbarkeit wahr und spürte: »Das ist pure Lebensfreude für mich.«
Warum ich das erzähle? Weil diesen Strand entlang Hunderte Menschen gingen, die all dies auch genießen konnten. Trotzdem sah ich schon lange nicht mehr so viele verdrossene und mißmutige Gesichter, so viele unförmige Leiber. Ist das nicht traurig?
Ich sah aber auch täglich zwei blinde Menschen: eine ältere und eine junge Dame, jede mit einem Stock in der Hand, angeregt plaudernd. Sie waren sehr forsch unter-

wegs und hatten beide ein heiteres Lächeln im Gesicht –
sie genossen den Strandspaziergang. Ist das nicht wunderbar?

In solchen Momenten überkommt mich die Lust auf diese
griesgrämigen Menschen zuzugehen, sie zu schütteln und
anzuschreien: »Seht ihr nicht das Glück, das ihr habt?
Sonne, Wind, Meer, Urlaub! Anderswo ist Krieg, Leid,
Hunger, und die Menschen sterben dort vor Kälte. Hier ist
Sonne und Frieden. Nur in euch ist davon keine Spur! Tut
doch etwas dagegen, damit ihr eurem Glück nicht so sehr
im Wege steht! Seid nicht so blind!«

Ich mag Menschen und halte mich für tolerant. Ich versuche jeden nach seiner Fasson selig werden zu lassen, nicht
nach Äußerlichkeiten zu werten, sondern den anderen
anzunehmen, wie er ist.

Doch ich bin nicht gleichgültig gegen meine Mitmenschen
geworden, und deshalb schreibe ich dieses Buch. Wenn
ich ein trauriges Gesicht, hängende Schultern, einen un-
förmigen Körper (zu dick oder zu mager) sehe, überkommt
mich das Bedürfnis, diesem Häufchen Elend zu sagen:
»Wie könntest du sein, und was hast du aus dir gemacht!«
Ich würde ihn sogar bitten, sein Leben nur ein wenig zu
ändern, denn ich weiß, daß das Wenige sehr viel bewirken
kann.

Richtige Ernährung

Für Ihren Körper sollten Sie zuerst das Naheliegendste tun:
ihn richtig ernähren. Ich bin kein Ernährungsprofi, aber es
gibt sehr gute Anleitungen. Für mich ist das Buch »Fit for
Life« (Fit fürs Leben) von Harvey und Marilyn Diamond der
Leitfaden geworden. Geworden deshalb, weil auch ich

meinen Körper mit Hungerkuren quälte, drei Monate in meine Kleider gemütlich hineinpaßte, um dann wieder auszuufern.

Bis ich Angst hatte, daß mich die Sicherheitsnadeln, die meine Röcke und Hosen weiter machten, irgendwann ernsthaft verletzen würden. Dann ging es wieder mit einseitigen Diäten los und mit meiner Stimmung bergab. Den Rest gab mir eine Allergie, die eine ganze Reihe von Dermatologen nicht in den Griff bekam. Daß meine Psyche nicht auf Rosen gebettet war, wußte ich zwar, brachte aber den Hautausschlag mit meiner Psyche natürlich nicht in Verbindung. Denken Sie daran, daß Ihr Körper wie ein wunderbar perfektes Instrument sensibel auf jedes emotionale Erdbeben reagiert und seine Regenerationsfähigkeit uns nach jeder überstandenen Krankheit vor Ehrfurcht erstarren lassen müßte.

Wenn ich Ihnen genug ins Gewissen geredet habe, wie Ihre Ernährung sein sollte, gehe ich im folgenden 11. Kapitel »Das Zusammenspiel von Körper und Geist« mit der Frage: Was kann ich *geistig* für mein körperliches Wohl tun? auf den Zusammenhang Psyche/Krankheit ein.

Nun, ich war sowieso mit meiner Figur unzufrieden und außerdem frustriert über die entstellenden roten Flecken auf meiner Haut, gestreßt und grantig. Da kam mir das weiter oben erwähnte Buch in die Hand. Ich las es mit zunehmendem Interesse. Zum ersten Mal las ich davon, welche Nahrung ich *wann und wie* essen sollte.

Es gibt bestimmt viele Möglichkeiten, sich gesund zu ernähren, und viele gute Bücher und Fachleute dafür. Ich möchte Ihnen nur ein paar Empfehlungen sehr ans Herz legen: Essen Sie viel frisches Obst und Gemüse, also wasserhaltige Nahrung. Das ist besser, als Ihrem Körper literweise kohlensäurehaltiges oder schlechtes Wasser zuzuführen.

Das Prinzip der Trennkost

Mir tut eine lockere Form der Trennkost sehr gut. Wenn Sie meinen Essensfahrplan kennenlernen wollen, lesen Sie ihn, wenn nicht, suchen Sie sich eine andere Art, sich gesund zu ernähren.

Meine Empfehlung: Essen Sie, wenn möglich, die richtigen Nahrungskombinationen. Also essen Sie nicht Fleisch und Beilagen (Brot, Nudeln, Knödel, Reis) zusammen, sondern essen Sie Gemüse und/oder Salate dazu. Das heißt, Sie sollten Proteine, wie Käse, Eier, Fisch, Fleisch, Milch und so weiter, nicht gemeinsam mit stärkehaltigen Kohlehydraten, also mit Kartoffeln, Nudeln, Reis, Brot, Linsen und so weiter, kombinieren.

Essen Sie viel Salat, denn er kann mit jedem Protein, Kohlehydrat oder Fett zusammen gegessen werden. Salat ist wichtig, wenn Sie zum Beispiel Fleisch mit Fett zubereiten, da Fett in diesem Fall die Verdauung hemmt. Der Salat gleicht das aus.

Ich will Ihnen das Schnitzel mit Reis und Kartoffelsalat, den Schweinsbraten mit Knödeln oder das Eisbein mit einem deftigen Brot nicht total vermiesen. Wenn Sie danach noch ein riesiges Stück Torte, Kaffee und Schlagobers (Sahne) vertilgen, fühlen Sie sich sowieso nicht wohl. Schön ist nur die halbe Stunde reine Essenszeit. Nachher sind Sie hundemüde, Ihr Bauch fühlt sich an wie ein Ballon, und Sie haben wieder ein Kilo mehr.

Feiern Sie, wenn es wirklich etwas zu feiern gibt, dann aber ohne schlechtes Gewissen, denn dieses hat noch nie das Wohlbefinden und das Gewicht positiv beeinflußt. Danach kehren Sie wieder zu Ihrer gesunden Ernährung zurück. Ihr Körper ist so unendlich dankbar dafür und so sehr bereit, sich ganz schnell wieder zu regenerieren.

Warum trennen?

Vielleicht fällt Ihnen die Trennung von Kohlehydraten und Proteinen leichter, wenn ich Ihnen erkläre, warum das sinnvoll ist: Stärkehaltige Nahrung (also Reis, Brot, Kartoffeln und so weiter) benötigen ein alkalihaltiges Verdauungsmittel. Proteinreiche Nahrung (Fleisch, Milchprodukte, Getreideprodukte und so weiter) benötigen ein säurehaltiges Verdauungsmittel. Da sich zwei gegensätzliche Säuren neutralisieren (Säure und Lauge heben sich auf), wird Ihre Verdauung sehr beeinträchtigt. Die Folge ist, daß Ihre Nahrung zu gären beginnt, zu lange im Körper bleibt und Sie zum Verdauen kostbare Energie verbrauchen, die Sie anders viel sinnvoller einsetzen könnten. Mit der richtigen Nahrungskombination können Sie also sehr viel für Ihr körperliches Wohlbefinden tun. Als angenehmer Nebeneffekt stellt sich eine kontinuierliche Reduzierung Ihres Gewichtes ein. Hunger müssen Sie bei einem ordentlichen Stück magerem Fleisch mit viel Gemüse und Salat oder bei einer pikanten Gemüseplatte und einem guten Nudelgericht bestimmt nicht leiden.

Optimal wäre es, wenn Sie Ihren Körper morgens nicht mit Kaffee, Weißbrot, Sahne oder Milch, Schinken, Marmelade, Butter, Honig, Obst, Müsli, und was es sonst noch auf Frühstücksbuffets alles gibt, traktieren. Ihr Körper befindet sich zu dieser Zeit in seiner Reinigungsphase. Probieren Sie es zehn Tage lang aus: Trinken Sie morgens einen frisch gepreßten Obstsaft und essen Sie, wenn möglich, bis mittags nur Obst. Sie werden staunen, wie fit Sie sich nach zwei Wochen fühlen. Wenn Ihre Nahrung noch einigermaßen natürlich ist, das heißt, wenn nicht alles konserviert, zu Tode gekocht und auf- und abgekühlt ist, dann haben Sie einen wichtigen Schritt zu einem neuen Lebensgefühl getan.

Ich halte es so: Ich esse, wie ich es Ihnen jetzt beschrieben habe. Bin ich eingeladen oder in einem Hotel, mache ich kein Theater. Dann nehme ich zwar immer noch keine riesigen Mengen zu mir, die mich fast am Aufstehen hindern, aber ich genieße dann alles, was ich mag. Ich trinke dazu gerne einen guten Wein und alles ganz ohne schlechtes Gewissen.

Genießen Sie, aber mit Maß und Ziel!
Das Ziel sollte Ihr körperliches
Wohlbefinden sein!

Wenn Sie sich entschlossen haben, Ihren Körper mit gesünderer Ernährung zu mehr Energien zu verhelfen, wäre es doch schön, wenn Sie sich auch noch zu ein wenig mehr Bewegung aufraffen würden.

Wir sind zur Bewegung geboren

Ich bin keine sportliche Frau, aber ich bewege mich gerne an der frischen Luft. Das war nicht immer so. Als ich durch meinen Bandscheibenvorfall relativ lange in meiner Bewegung gehemmt war, kam mir erst zu Bewußtsein, wie schön es ist, unbehindert gehen, laufen, radfahren und skifahren zu können. Ein Jahr lang sah es aus, als könnte ich all diese Dinge nicht mehr tun. Doch mit langsam aufbauender Wirbelsäulengymnastik und meinem unbeirrbaren Glauben: »Du wirst alles wieder können!« schaffte ich meine völlige Wiederherstellung. Ich mache jeden Tag meine Übungen und kenne dadurch keine Kreuzschmerzen mehr.

Kombinierte Bewegung

Da ich nicht unendlich viel Zeit für Bewegung habe und viel im Sitzen arbeite, entwickelte ich eine Kombimethode: Wenn ich spazierengehe, das kann in der Stadt oder in der Natur sein, schaue ich. (Sie natürlich auch, sonst fielen Sie ja hin.) Doch ich schaue so: Ich nehme die Farbe des Himmels, das verschiedene Grün der Bäume, die Farbe frisch gestrichener Häuser, Gartenzäune, Blumen, den Regen, die Bewegung der Bäume im Wind bewußt wahr. Dadurch bewegen sich meine Augen intensiv. Meine Augenmuskeln werden trainiert, und ich spüre Lebendigkeit. Probieren Sie es, wenn Sie sich niedergeschlagen oder depressiv fühlen. Gehen Sie, und machen Sie die Augen für Ihre Umgebung auf! Halten Sie sich locker und den Kopf erhoben! Lange bleiben Sie nicht niedergeschlagen, denn Sie setzen Ihrer inneren Niedergeschlagenheit eine äußere Haltung des Hochgefühls entgegen. Positives nimmt Ihr Geist immer schneller an als Negatives. Bewegung ist ein rasches Gegenmittel für ein Gemütstief. So wie Ihr Gehirn für Training dankbar ist, ist es auch Ihr Körper. Die Mutter meiner Freundin ist 78 Jahre, und ich glaube, daß ein ungeübter Dreißiger mit ihr ins Schwitzen käme. Sie macht nicht sehr viel, das aber täglich. Ihr Körper und ihr Geist sind in Topform.

Wenn die warme Jahreszeit beginnt, jogge ich einmal wöchentlich. Ganz langsam und gemütlich laufe ich drei Kilometer und lockere mich dabei. Ich glaube, das ist mein Training für die Seelenmuskeln. Ich freue mich über das junge Grün, über die ersten Blumen, und nach dem Schwitzen und Duschen freue ich mich, weil ich ein Gefühl der Leichtigkeit und guten Stimmung habe. Ich liebe auch mein Rad und finde es sehr schön, daß es jetzt schon so viele Radwege gibt.

Freude an der Bewegung

Wenn Sie sich ein hartes Training verordnen, weil Sie Wettkampfambitionen haben – tun Sie es nur, wenn es Ihr innerstes Bedürfnis ist. Dann ist es mit Lebensfreude verbunden und sinnvoll. Von Qual halte ich nichts.
Ich habe einen lieben Bekannten, der mit fünfundvierzig Jahren zu laufen begann. Mit fünfzig lief er seinen ersten Marathon. Jetzt ist er fünfundfünfzig Jahre und läuft täglich, schaut aus wie ein Jüngling, ist fit, ernährt sich gesund und bewältigt dadurch seinen stressigen Beruf besser. Für ihn bedeutet das tägliche Lauftraining Lebensfreude. Dann ist es richtig!
Suchen Sie sich eine Art der Bewegung, die Ihnen Freude macht, und bleiben Sie locker dabei! Keine Verbissenheit und keinen Leistungsdruck! Denken Sie an meine Kombimethode – und halten Sie sich auf eine Art und Weise fit, die für Sie gut und angenehm ist! Denken Sie nie: »Dazu bin ich zu alt.« Befragen Sie Ihren Arzt dazu, wenn er nicht hundert Kilo wiegt und ein Bewegungsmuffel ist. Fangen Sie klein an, aber tun Sie es! Viel Spaß!

Die Atmung

Wenn Sie regelmäßig üben still zu werden, dann achten Sie dabei auf Ihre Atmung. Denn, so wie die Stille eine gewisse Art zu atmen erfordert, so verändert sich auch Ihre Atmung, wenn Sie in einen anderen Bewußtseinszustand kommen. Denken Sie an Aufregung: Da geht Ihr Atem schnell. Wenn Sie diese Atmung nun bewußt verlangsamen, verändert sich auch Ihr Zustand. Wir sagen: »Einmal tief durchatmen und dann erst reagieren.« Nun, einmal durchatmen genügt nicht. Wenn Sie jedoch in eine Situation geraten, die Sie sehr erregt, dann versuchen Sie, ruhig zu atmen. Sie dämpfen damit sofort Ihren emotionalen Aufruhr.

Wir nehmen leider kaum Notiz davon, daß wir Atem schöpfen. Dabei müßten wir sterben, wenn wir es ein paar Minuten nicht tun würden. Wenn Ihnen jemand Mund und Nase kurz zuhält, bekommen Sie panische Angst zu ersticken. Warum kümmern wir uns nur dann um unsere Atmung, wenn wir daran gehindert werden?

Sauerstoff als Lebenselixier

Ich habe mich erst mit bewußter Atmung beschäftigt, als ich durch Meditation meinen Körper, meinen Geist und meine Seele zu entspannen begann. Ich las einige gute Fachbücher und lernte verschiedene Atemtechniken kennen. Ich denke, jede Art zu atmen, die uns dazu bringt, tief einzuatmen, der Luft genug Zeit zu lassen, unsere Lungen mit Sauerstoff zu füllen, und anschließendes langsames Ausatmen, damit die kohlendioxidhaltige Luft unseren Körper wieder gänzlich verlassen kann, ist gut. Ich habe Ihnen meine Art zu atmen im 2. Kapitel ausführlich beschrieben.

Wir müssen uns vor Augen halten, daß unser Geist ungeheure Mengen Sauerstoff braucht, sogar mehr als der gesamte Körper. Darum sollten uns die Meldungen, daß der Sauerstoffgehalt der Luft so gesunken ist, nicht ängstlicher, sondern umweltbewußter werden lassen.

Eine Atemübung zur Belebung des Kreislaufs

Wenn ich meinem Körper durch richtiges Atmen etwas Gutes tun will, stelle ich mich ans Fenster, atme durch die Nase ein und zähle dabei bis drei. Dann halte ich die Luft im Körper die dreifache Zeit fest (also bis neun zählen) und lasse sie die zweifache Zeit (also bis sechs zählen) durch den Mund langsam wieder aus mir herausfließen. Sie sollten sich dabei nicht anstrengen müssen. Finden Sie Ihren persönlichen Rhythmus, und steigern Sie ihn, wenn es Ihnen leichtfällt. Durch das Anhalten der Luft im Körper versorgt man das Blut mit viel Sauerstoff und aktiviert das Lymphsystem. Das doppelt lange Ausatmen sollte deshalb geschehen, weil man dabei dem Körper Zeit gibt, Giftstoffe abzugeben. Ich weiß, daß es mir sehr gut geht, wenn ich dreimal täglich zehn wirksame Atemzüge mache. Wenn ich mich top fühle, vergesse ich es manchmal, bis ich wieder ein wenig müde und abgespannt bin. Dann denke ich an drei – neun – sechs, mache die Übungen wieder konsequent und spüre die Wirkung. Probieren Sie es einfach zehn Tage aus: Täglich dreimal zehn Atemzüge – das ist doch nicht viel Aufwand!

Atmen als Therapie

Daß man durch gewisse Atemtechniken in andere Bewußtseinszustände kommen kann, wissen Sie schon. Ich denke aber an eine spezielle Atemtherapie, die Rebirthing (Wiedergeburt) genannt wird. Sie sollte nur unter fachkundiger Anleitung gemacht werden, da sie im Menschen starke persönliche Erlebnisse hervorruft.

Der Name Rebirthing bezieht sich dabei nicht so sehr auf die Vermittlung des eigenen Geburtserlebnisses, sondern darauf, daß man sich nach diesem Atemerlebnis wie neugeboren fühlt.

Bitte lassen Sie die Finger von bewußtseinsverändernden Atemübungen, die Sie nur vom Lesen her kennen. Atem ist Leben – und mit dem Leben spielt man nicht leichtsinnig.

Abschließend möchte ich Ihnen noch gerne zitieren, was Johann Wolfgang von Goethe über das Atmen dichtete:

»Im Atemholen sind zweierlei Gnaden,
die Luft einziehen, sich dieser entladen,
jenes bedrängt, dieses erfrischt,
so wunderbar ist das Leben gemischt.«

Mischen Sie in Ihr Leben ab nun täglich ein paar tiefe Atemzüge.

Kann man Sie »gut riechen«?

Man spricht nicht darüber, weil es selbstverständlich sein sollte. Aber nicht alle Menschen dürften dieser Meinung sein. Ein Zugabteil läßt mich oft eher an einen Hasenstall denken als an einen Ort, an dem sich Menschen eine Zeitlang aufhalten. Dabei ist Körperpflege vom Wohlbefinden nicht wegzudenken. Haut braucht Reinigung mit Wasser und milder Seife. Sie sollte nicht verwechselt werden mit Kosmetik, die Damen und Herren in Düfte von wolkig bis umwerfend hüllt. Parfümieren Sie sich, wenn Ihnen danach ist und Sie sich vorher gewaschen haben – doch denken Sie an Ihre Mitmenschen – weniger ist auch hier oft mehr.

Waschen Sie sich täglich, genießen Sie das Gefühl der Sauberkeit und denken Sie vor allem daran, daß Ihr Partner, Ihr Kollege, Ihr Chef Sie »gut riechen können« soll. Mehr ist dazu nicht zu sagen.

Abwechslung macht Spaß

Es würde mich aufrichtig freuen, wenn ich Sie dazu bringe, von nun an jeden Tag etwas für Ihr körperliches Wohlbefinden zu tun: Machen Sie doch an einem Tag die Atemübungen, am nächsten Tag Gymnastik, fahren Sie am übernächsten Tag ein paar Kilometer mit dem Rad, dann kommt der Spaziergang, dann vielleicht Tennis und so weiter. So haben Sie Abwechslung, können das Programm Ihrem Tagesverlauf anpassen:
Also, wenn der Tag sehr aufregend ist, öfter Atemübungen, wenn es in Strömen regnet, Gymnastik, wenn die Sonne scheint, laufen Sie ... Halten Sie es auch mit der Bewegung so, wie ich Ihnen empfehle, alles in Ihrem Leben zu tun: mit Freude, Lockerheit, aber einer gewissen Disziplin! Ich würde wieder sagen: Probieren Sie das einen Monat lang aus – Sie werden belohnt mit Wohlergehen!

Wovon Sie ruhig eine Überdosis nehmen können

Natürlich kennen Sie den Spruch: Lachen ist die beste Medizin.
Schon viele Menschen haben sich zu Tode geweint. Tot-

gelacht hat sich noch keiner – und es ist durchaus möglich, sich wieder gesund zu lachen!

Dazu nehmen Sie bei jeder Gelegenheit eine Überdosis – selbst wenn Sie süchtig werden. Lachen ist das Tüpfelchen auf dem i Ihres ranken, schlanken, gesunden und vitalen Körpers.

Können Sie sich nicht mehr erinnern, wann Sie zum letzten Mal von ganzem Herzen gelacht haben, dann suchen Sie die Nähe von Menschen, die Herzensbildung und Humor haben, und lassen Sie sich von ihrem Lachen anstecken. Herzhaft zu lachen ist eine Droge, die in Körper, Geist und Seele wahre Wunder bewirkt.

Trauerweiden als Freunde sind Gift, heitere Freunde Balsam.

10. Kapitel

Im 10. Kapitel lesen Sie,

- was sie *geistig* für Ihr körperliches Wohl tun können

- daß Sie nur dann gesund sind, wenn Harmonie in Körper, Geist und Seele herrscht

- was die Be-deutung einer Krankheit ist

- wie wichtig Selbsterkenntnis ist

- wie die Organsprache unseres Körpers zu deuten ist

- welche neue, sensationelle Erkenntnis die Gehirnforschung gemacht hat

- warum Selbstverantwortung Ihnen hilft

- was Selbstheilkräfte sind

- was unser »innerer Arzt« ist

- was die Energie der Heilung ist

- wo diese Energie ist, die wir brauchen

- daß wir Chakren haben, um diese Energie aufzunehmen

- daß Chakren unsere Zentren zur Transformation von Energie sind

- daß wir einen physischen, einen mentalen und einen spirituellen Körper haben

- wo unsere Chakren liegen

- was die sieben Hauptchakren sind und wie sie wirken

- wie der Energieausgleich funktioniert

- wie Sie eine Übung für mehr Energie lernen

- welche sanften Heilverfahren es gibt

- daß zu jeder Art des Heilens Liebe gehört

- daß Güte und Zuwendung Heil bringen

- daß ich Ihnen empfehle, sich für alternative Therapien zu interessieren

- Adressen, wo Sie Rat und Hilfe bekommen

Das Zusammenspiel von Körper, Geist und Seele

Ihrem Körper kann es nicht gut gehen, wenn Sie depressiv, ängstlich, traurig, schuldbewußt und so weiter sind. Sie können sich buchstäblich krank denken, wenn Sie Ereignisse in Ihrem Leben nicht verkraften können. Wenn Sie ständig auf der Suche nach Liebe sind und diese nicht finden. Wenn Sie ewig in der Vergangenheit hängen und all Ihre Schicksalsschläge hegen und pflegen. Dann kann der Strom des Lebens in Ihnen nicht mehr fließen.

Gesundheit ist Bedingung für Wohlbefinden,
und setzt voraus,
daß Harmonie in Körper, Geist und Seele herrscht.
Logischerweise ist dann Krankheit
Disharmonie in Körper, Geist und Seele.

Also nützt die gesündeste Ernährung nichts, wenn die Seele ständig weint. Es nützt Bewegung ein wenig mehr, doch depressive Menschen wollen sich nicht bewegen. Obwohl richtiges Atmen sehr viel verändert, es würde nicht viel nützen, wenn der Geist voll krankmachender Gedanken ist. Wir müssen also alles tun, damit Ruhe und Frieden in uns einkehren und wir in Harmonie kommen.

Was kann ich *geistig* für
mein körperliches Wohlbefinden tun?

Es gibt nicht mehr viele Mediziner und Laien, die leugnen, daß Krankheiten einen Bezug zur Psyche haben.

Krankheit ist eine Botschaft unseres Körpers,
ein Wink oder eine ernste Mahnung,
unser Denken und Handeln zu überprüfen.

Nehmen wir diese Botschaft nicht zur Kenntnis, führt sie zum Tod. Ich weiß, daß das sehr grausam klingt, aber wir haben sehr viele Möglichkeiten, für unsere Gesundheit vorzusorgen. Wenn wir in vollkommener Harmonie leben, sind wir gesund. Den Schlüssel dazu haben wir in der Hand.

Was nützt es, einen Magen herauszuschneiden und weiterhin allen Frust in sich hineinzufressen? Wie lange sind Sie nach einer Bandscheibenoperation schmerzfrei, wenn Sie die Fehlhaltung in Ihrem Leben nicht in Ordnung bringen? Was nützt es, einen Nierenstein zu zertrümmern, wenn es immer wieder Probleme in der Partnerschaft gibt? Es werden immer nur die Auswirkungen (sprich das Symptom und die Schmerzen) für einige Zeit beseitigt, die auslösende Ursache bleibt.

Die Be-deutung (Botschaft)
einer Krankheit

Ich möchte Sie auffordern, sich unbedingt mit der Deutung und Be-deutung von Krankheiten zu befassen. Legen Sie sich nicht nur pillenschluckend ins Bett, wenn Sie krank sind, sondern spüren Sie die Ursache Ihres Un-wohlseins auf. Ich empfehle Ihnen dazu entweder das Buch »Krankheit als Weg« von Dethlefsen/Dahlke oder das Buch von Louise L. Hay »Bedeutung von Krankheiten«.

Lesen Sie eines dieser Bücher, und denken Sie über sich ehrlich nach. Stellen Sie den Bezug zwischen Ihrer Krankheit und der Bedeutung der Botschaft des Lebens her. Sind Sie bereit, sich entsprechend zu ändern, wird auch Ihr Gesundheitszustand sich ändern. Um in Harmonie zu kommen, genügt es nicht, Tabletten zu schlucken, sich an eine strenge Diät zu halten oder sich operieren zu lassen, es ist ganz wichtig, *auch* unser Denken und unsere geistige Einstellung zu ändern. Hören Sie auf, andere Menschen für Ihr Wohlergehen verantwortlich zu machen. Sie alleine sind der Architekt und Baumeister Ihres Lebens!

Selbsterkenntnis

Um Ihnen einen Begriff davon zu geben, was eine Krankheit »bedeuten« kann, gebe ich Ihnen auf den nächsten Seiten einen kurzen Überblick über unseren Körper, unsere Organe und ihre Zuordnung. Es könnte sein, daß Sie so schon eine mögliche Ursache Ihrer körperlichen Disharmonie erkennen.

So wie aber jeder Mensch verschieden ist, muß nicht jede Krankheitsursache den gleichen psychischen Ursprung haben. Wenn ich anschließend auf die sogenannte Organsprache eingehe, dann bitte ich Sie zu bedenken, daß in meinem Buch nicht der Platz ist, wirklich ins Detail zu gehen. Ich will damit nur eine Anregung zur Selbsterkenntnis und zum weiteren Studium geben.

Die Organsprache

Der *Kopf* ist unsere oberste Instanz. Wir be-haupten uns damit. Er ist der Sitz des Denkens. Handeln wir immer nur aus dem Kopf, und zer-brechen wir ihn uns dauernd, sind wir nicht in der Mitte unseres Seins. Denn wir sollten aus dem Bauch, aus dem Herz und aus dem Kopf heraus leben und handeln.

– Haben wir Probleme mit den *Ohren*, sollten wir uns fragen: Was will ich nicht hören?

– Haben wir Probleme mit den *Augen*, sollten wir uns fragen: Was will ich in meiner Umgebung, in der Vergangenheit, der Gegenwart oder der Zukunft nicht sehen?

– *Zahn*probleme haben mit dem Durchbeißen etwas zu tun, mit Aggressionen und fehlender Vitalität.

– Die *Haare* haben zu Stärke und Macht einen Bezug. Überprüfen Sie, ob Ihre Kopfhaut ständig angespannt ist. Strengen Sie sich immer mächtig an?

– Im *Hals* sitzt Angst – schnürt Ihnen die Angst manchmal die Kehle zu? Oder können Sie etwas nicht schlucken? Wenn Sie Ihre Ausdrucksfähigkeit oder Ihre Kreativität unterdrücken oder unterdrücken lassen, könnte Ihr Hals Schwierigkeiten machen.

– Im *Genick* sitzen Verspannungen. Wenn Sie nicht flexibel sein können, stur an Ihren Vorstellungen festhalten, dann sollten Sie in dieser Richtung hinterfragen.

– Mit unseren *Armen* fassen wir zu. Die Oberarme haben mit Leistung zu tun. Die Unterarme haben mit unseren Fähigkeiten zu tun. Verlangen Sie von sich zu viel Leistung? Nützen Sie Ihre Fähigkeiten? Halten Sie nichts von Ihrer Leistung oder/und Ihren Fähigkeiten?

– Die *Hände* halten fest, be-greifen, handeln. Klammern Sie sich an wen oder was? Können Sie etwas nicht begreifen? Handeln Sie? Wie handeln Sie?

– *Lungen*-Probleme entstehen, wenn im Bereich der Kommunikation, der inneren Freiheit, im Kontakt zu anderen etwas nicht stimmt. Vielleicht ist es richtig, daß Raucher Probleme, die im weitesten Sinne mit Kontakt zu tun haben, »einnebeln«, um sie nicht sehen zu müssen?

– Im *Herz* sind unsere Liebesfähigkeit und unsere Gefühle beheimatet. Ist Ihr Herz erkaltet? Haben Sie ein kummervolles Herz? Sind Sie zu gutherzig, offenherzig? Nehmen Sie sich etwas viel zu sehr zu Herzen? Viel Freude ist die beste Vorsorge für ein gesundes Herz.

– *Blut* ist unser Lebenssaft und bedeutet damit auch Lebenskraft. Wenn Sie ver-bluten, rinnt Ihr Leben aus. Der Blutdruck ist der Ausdruck der Dynamik eines Menschen. Entweder geht bei Unterdruck ein Mensch nie an seine Leistungsgrenze, oder er geht bei Überdruck ständig darüber hinaus. Ich meine auch im psychischen Bereich!

– Unser *Magen* muß verdauen – auch unsere Gefühle, Gedanken, Emotionen, Ängste und Aggressionen. Fressen Sie ständig etwas in sich hinein, was Sie nicht verdauen können? Sind Sie auf sich oder jemand anderen sauer? Magengeschwüre haben mit Angst, nicht gut genug zu sein (im Beruf, in der Partnerschaft und so weiter), zu tun.

– Die *Leber* könnte man als ein Labor im menschlichen Körper bezeichnen. Lebererkrankungen haben immer mit einem »Zuviel« zu tun. Dann können Leber und Galle die Maßlosigkeit (der Psyche und/oder des Körpers) nicht mehr bewältigen. Die Leber schafft es nicht mehr, den Körper zu entgiften. Wenn wir Gift und Galle spucken, schaden wir der Leber und der Galle. Wenn Sie nicht werten können, was Ihnen zuträglich ist (in allen Bereichen), dann erkranken diese Organe.

Läuft Ihnen oft etwas über die Leber? Probleme mit der Leber können sich auch durch weltanschauliche Probleme ergeben, im Sinne von: »Kommt da etwas in meinem Leben zu kurz?«

– Der *Dickdarm* hat mit Festhalten und Geiz zu tun.

– Der *Dünndarm* mit der Verarbeitung und der Analyse von Problemen. Was halten Sie fest? Was können Sie nicht verarbeiten (analysieren)?

– Die *Geschlechtsorgane* repräsentieren den typisch weiblichen oder männlichen Teil beziehungsweise das weibliche oder männliche Prinzip. Fühlen wir uns hier irgendwie verletzt, zurückgewiesen? Sind Sie verklemmt, und können Sie sich nicht hingeben? Haben Sie Schuldgefühle in diesem Bereich? Wenn Sie nicht lernen, das männliche und das weibliche Prinzip in sich zu vereinigen und zuzulassen, werden Sie im Bereich der Sexualität Schwierigkeiten haben. Üben Sie das Geben und das Nehmen. Andere Probleme des *Unterleibs* sind ähnlich zu hinterfragen.

– Unser *Rücken* steht für unsere Haltung oder für die Unterstützung, die wir im Leben haben/nicht haben und vermissen. Wobei der obere Teil des Rückens mehr mit der emotionalen Unterstützung, der mittlere Teil des Rückens mit verborgener Schuld und der untere Teil des Rückens mit materieller Unterstützung zu tun hat.

Die Fragen könnten lauten: Fühlen Sie sich von Ihrem Partner nicht genug unterstützt (allein gelassen, im Stich gelassen)? Haben Sie Angst, eine Schuld eingestehen zu müssen, oder halten Sie etwas im Verborgenen? Glauben Sie, daß Geld das Wichtigste im Leben ist, und haben Sie ständig (begründete oder unbegründete) Existenzängste?

Verspannungen, Weichteilrheumatismus, Ischias, Bandscheibenschäden weisen, je nachdem in welchem Teil des Rückens sie auftauchen, auf ein Problem in diesem Bereich hin. Fragen Sie sich: »Welche Fehlhaltung nehme ich ein?«

– *Nieren*-Erkrankungen, Steinbildung und Entzündungen sollten im Zusammenhang mit der Frage gesehen werden: Wo stimmt es in meiner Partnerschaft nicht? Liegt das Problem in meiner Liebesbeziehung, der Elternbeziehung, in der Beziehung zu Geschäftspartnern, den Kindern und so weiter?

– Unsere *Beine* haben mit der Fortbewegung zu tun. Bleiben Sie im Leben immer auf dem gleichen Platz stehen? Trauen Sie sich nicht weiterzugehen? Erkennen Sie nicht, wohin Sie gehen sollten?

– Die *Füße* geben uns den Hinweis zu fragen: Sind wir zu wenig oder zu sehr standhaft? Haben wir genug/kein Verständnis (für uns, für andere Menschen)? Wie steht es mit unserer Verwurzelung?

– Steife *Knie* weisen auf einen Mangel an Demut hin. Können Sie sich nie beugen? Beugen Sie sich zu oft?

– Ich komme nun zu unserem größten Organ, der *Haut*, die wir uns als Sinnbild unserer Individualität vorstellen müssen. Wir können zu dünnhäutig oder zu dickhäutig sein. Da unsere Nerven direkt unter der Haut liegen, könnte uns etwas zu sehr »unter die Haut gehen«.

Die Haut ist unsere Abgrenzung nach außen. Grenzen Sie sich zu sehr oder zu wenig ab? Kennen Sie Ihre Grenzen? Sind Sie kontaktfähig? Fähig zur Zärtlichkeit? Hassen Sie Berührung, oder fehlt sie Ihnen?

Ergänzen will ich diese Hinweise auf Be-deutungen von Erkrankungen damit, daß wir auch die Körperseite berücksichtigen sollten, in der die Disharmonie, der Schmerz, das Unheilsein auftritt.

So wie die rechte Gehirnhälfte für das weibliche Prinzip, die Gefühle, die Intuition zuständig ist, ist die linke Gehirnhälfte für das männliche Prinzip zuständig, also für den Intellekt, den Verstand. Da das Gehirn den Körper seitenverkehrt steuert, repräsentiert die linke Körperseite das, was von innen, von der Seele her kommt und unsere Disharmonie verursachen könnte.

Die rechte Körperseite zeigt uns, was uns von außen kommend stört und was unsere Disharmonie verursachen könnte.

Es ist interessant, auf unsere Ausdrucksweise zu achten, denn sie gibt uns sehr wichtige Hinweise. Wenn Sie von sich selbst wissen, daß Sie *zu wenig Rückgrat haben, Ihnen oft die Galle übergeht,* Sie schnell *die Nase voll haben,* zeitweise *am liebsten aus der Haut fahren würden* oder oft etwas *nicht einsehen können,* müßten Sie schon Ihre Schlüsse daraus ziehen können.

Fragen Sie sich: Warum glaube ich, daß mich das Leben nicht unterstützt? Oder: Warum lerne ich nicht, mit Ärger anders umzugehen? Von wem habe ich die Nase voll? Warum fahre ich aus der Haut? Was kann ich nicht einsehen?

Fragen Sie, und nehmen Sie die Antworten zum Anlaß, etwas in Ihrem Leben zu ändern und damit die krankmachenden Disharmonien zu beseitigen.

Wenn Sie sich mit diesem Thema beschäftigen, werden Sie einsehen, wie wichtig es ist, Ursachen zu erkennen. Erforschen Sie Ihr Gewissen, geben Sie Ihre Schwächen zu, werden Sie sich bewußt darüber, was Ihnen fehlt, was Sie bedrückt! Wenn Sie diesen Schritt getan haben, haben Sie Ihrem Arzt die wichtigste Arbeit abgenommen. Erfüllen Sie danach Ihr Bewußtsein mit dem Glauben an Gesundheit und nicht an Krankheit, dann geht es ganz schnell wieder mit Ihnen bergauf.

Ich habe mich sehr gefreut, als ich am 7. Mai 1994 in der österreichischen Tageszeitung »Die Kurier-Freizeitbeilage« die große Überschrift »Heilende Gedanken« las. Ich möchte Ihnen diesen Artikel, zumindest auszugsweise, nicht vorenthalten:

»Gehirnforschung: Sensationelle neue Entdeckung

Gedanken und Gefühle beeinflussen unsere Gesundheit, machen uns krank vor Ärger oder mit einem Lächeln gesund. Eine geheime Direktleitung zwischen Kopf und Körper steuert unsere Abwehrkräfte.

Unsere Großmütter haben es ja schon immer gewußt: Lachen ist gesund. Wo Freude ist, da ist Gesundheit. Ein glückliches Herz macht hüpfende Beine...

Vielleicht hat sich der britische Wissenschaftler David Felten auch an die Weisheit seiner Großmutter erinnert, als er eines Tages bei einem eher zufälligen Blick ins Mikroskop eine ungewöhnliche Entdeckung machte. Was da in seinem Sichtfeld lag, waren einige Zellen der Milz, einer zentralen Leitstelle für unsere körpereigenen Abwehrkräfte.

Dort schärft unser Körper seine Waffen gegen Eindringlinge – hier werden jene Killerzellen konstruiert und produziert, die punktgenau nur auf ein Ziel, ein Bakterium, einen Virus oder auch eine Krebszelle gerichtet sind. Ein alltägliches Bild für einen Forscher. Er kannte es aus Arbeiten seiner Kollegen: Zellen, Blutgefäße und feines Fasergeflecht... Aber dieses Fasergeflecht! In den nächsten Tagen herrschte in der Neurobiologie der Universität Rochester hektische Betriebsamkeit: Über die Seziertische und Mikroskope der Mediziner wanderten unzählige Präparate: Lymphknoten, Knochenmark... Alle Organe des Immunsystems wurden untersucht, bis die sensationelle Entdeckung dutzendfach bestätigt war. Das feine Fasergeflecht, das Felten in der Milz entdeckt hatte, war dort überall zu finden: Nervenfasern! Leitungen für den direkten Informationsaustausch zwischen Gehirn und Krankheitsabwehr.

Ein medizinisches Dogma war zumindest einmal anatomisch umgestoßen. Für die Schulmedizin war das Immunsystem über Jahrzehnte ein autonomer Mechanismus, der, wenn ausgelöst, vollautomatisch abläuft.

Die erste noch schwankende Brücke über den tiefen Graben zwischen Körper und Seele bauten die Streßforscher...

Gegen die Entdeckung der britischen Wissenschaftler aber wirkt dieses simple biologische Notprogramm wie eine Buschtrommel in Zeiten des D-Netz-Telefons. Nicht nur auf Streß-Alarmglocken hört unser Immunsystem, sondern auf *Gefühle, Gedanken und die gesamte seelische Verfassung*... Moderne Untersuchungen beweisen, daß wir unseren Geist benutzen können, um den Herzschlag zu beeinflussen, den Blutdruck zu senken, eine Vermehrung der weißen Blutkörperchen zu erreichen und dadurch die krebsbekämpfenden T-Zellen in Gang zu setzen. Wunder, die wir selbst vermögen!

Feltens Entdeckung aber reicht viel weiter: Sie verlangt nach einer neuen Definition von Krankheit, die die Psyche in die Diagnose miteinbezieht, die Krankheit und Heilung nicht nur in den Organen sucht, sondern dort, wo sie oft viel tiefer verwurzelt ist, in unserem Kopf.«

Ich möchte der letzten Zeile hinzufügen, daß Heilung nicht nur in unseren Organen und im Kopf, sondern vor allem in unserer Seele geschehen muß – auch das wird die Wissenschaft noch erkennen.

Natürlich brauchen wir die Schulmedizin, deren Fortschritt enorm und bewundernswert ist. Ihren Wert zu schmälern wäre dumm und ungerecht und würde vielen großartigen Ärzten und Wissenschaftlern schweres Unrecht zufügen. Trotzdem sage ich, daß es an der Zeit, wünschenswert und wichtig wäre, daß alle Ärzte den Menschen als Wesen aus Körper, Geist und Seele, also als Ganzheit und nicht als »Magen« oder »Leber«, behandeln würden.

Selbstverantwortung

Deshalb sollten wir so sehr darauf bedacht sein, mehr Verantwortung für unseren Körper zu übernehmen und Krankheiten erst gar nicht entstehen zu lassen. Warum denken wir uns nicht gesund, wenn wir uns auch krank denken können?

> Beim »Gesund-denken« brauchen wir nur
> das Gegenteil vom »Krank-denken« tun!

Ein simpler Satz, doch er ist richtig. Denn ein wirklich glücklicher Mensch wird selten krank. Ein wirklich glücklicher Mensch braucht das Essen nicht, um sein Leben zu genießen, er bringt sich nicht mit Messer und Gabel um. Er hat Freude an der Bewegung, ißt mit Vernunft, atmet tief und ruhig und genießt kulturelle und geistige Werte. Er kann lachen – und er denkt das Richtige!
Harmonie in sein eigenes Leben zu bringen, ist nicht von heute auf morgen zu schaffen. Bis es so weit ist, bekommen wir Botschaften und Mahnungen und sollten lernen diese zu verstehen. Haben wir sie verstanden, verändern wir das Entsprechende in unserem Leben, und – damit die Gesundheit schneller zurückkommt – wir aktivieren unsere Selbstheilungskräfte.

Was sind Selbstheilungskräfte?

> Die größte Kraft zur Heilung gibt uns der Glaube.
> Daher ist Glaube die ursprünglichste Selbstheilungskraft.

Es ist das tiefe, unumstößliche Wissen, daß ich wieder gesund werde.

Es geht demnach nicht um konfessionellen, dogmatischen Glauben, sondern unerschütterlichen Glauben an Heil. Die feste Überzeugung, nachdem ich die Botschaft verstanden und, wenn notwendig, die Humanmedizin in Anspruch genommen habe, daß ich zu meiner Gesundung beitrage. Wenn Sie glauben, daß Sie sterben müssen, wird Sie niemand davor retten können. Wenn Sie glauben, sind alle Wunder möglich, denn:

Dir geschieht nach deinem Glauben!

Vergessen Sie das nie! Das gilt für alle Bereiche Ihres Lebens und besonders für die Gesundheit.
Wenn Sie das 2. Kapitel aufmerksam gelesen haben, werden Sie sich erinnern, daß ich Sie aufforderte, auf Ihren stillen Platz zu gehen und sich dort dem Licht der Sonne auszusetzen. Wenn Sie Schmerzen haben, sollten Sie diese besonders dem Licht zuwenden. Natürlich können Sie sagen: »So ein Blödsinn, da sitze ich im dunklen Zimmer und soll meinen schmerzenden Hals der Sonne, die ich nur in meinem Geist sehe, aussetzen, um Heilung zu finden.« Sie haben genau den Punkt getroffen:

Sie sehen etwas im Geist –
und alles entsteht zuerst im Geist –
auch Krankheit und Gesundheit!

Mag es vermehrte Durchblutung sein, weil ich meine ganze Aufmerksamkeit einer bestimmten Stelle zuwende – wichtig ist, ich werde wieder gesund! Wenn Sie sich bewußt einer kranken Stelle in Ihrem Körper zuwenden und Licht dorthin schicken (visualisieren), werden Sie eine Reaktion spüren. Es ist die Kraft Ihrer Gedanken und inneren Bilder, die Heilung auslösen:

Selbstheilungskräfte sind also geistige Kräfte,
die wir mobilisieren können, um gesund zu werden.

Der innere Arzt

Diese Selbstheilungskräfte könnten wir als unseren inneren Arzt bezeichnen, der uns ständig zur Verfügung steht und dem Arzt Ihres Vertrauens hilft, Sie schneller zu heilen, der zu seiner Konkurrenz wird und ihn hoffentlich nur zu Ihrem medizinischen Berater macht. Dieser innere Arzt steht jedem von uns zur Verfügung, er wartet darauf aktiviert zu werden. Suchen Sie den inneren Arzt jedoch nicht in Ihrem Körper, suchen Sie ihn in Ihrem Geist. Durch die Hinwendung Ihres Geistes zur Heilung entsteht Energie – Heilenergie.

Die Energie der Heilung

Sie ist eine Energie, die ein kranker Körper, ein kranker Geist und eine kranke Seele zur Genesung benötigen.
Ein Mensch, der heilt, wird zum Durchflußkanal für kosmische Kräfte, die wir von einer Quelle beziehen, die als Heil-Intelligenz bezeichnet werden könnte. Was Heilenergie ist, woher sie kommt, wie sie funktioniert, das kann kein menschliches Wesen erklären; doch daß diese Energien in einem kranken Menschen Heil bewirken, das habe ich selbst erlebt. Damit entsteht die Forderung, unserem Körper diese Energien zuzuführen.

Wo ist diese Energie, die wir brauchen?

Wir sind von Energie umgeben. Alles was ist, ist Energie!
Wir nehmen einen Stein, einen Baum, jeden Gegenstand
als feste Materie wahr. Besser gesagt, unsere sinnliche
Wahrnehmung täuscht uns das vor. Dabei ist jedes Lebe-
wesen und jeder Gegenstand ein kleines Universum von
Bewegung und Energie mit spezifischer Frequenz.

Energie ist die Ursache unseres Seins.

Wenn sie uns fehlt, sind wir unheil. Wenn sie uns total
fehlen würde, wären wir leblos. Denn kein Organ und
keine Zelle kann ohne Energie existieren. Haben Sie nicht
auch schon gesagt: »Heute fehlt mir jede Energie.«
Schwache Energien sind der ideale Nährboden für Krankheiten. Also muß Heilung dort einsetzen und unser Ener-
giepegel wieder angehoben werden. Wenn wir voll Lebensenergie sind, werden wir harmonisch, stärken wir
unsere Selbstheilungskräfte und werden dadurch gesund.

Um Energien aufzunehmen haben wir Chakren

Das Wort Chakra kommt aus dem altindischen Sanskrit
und bedeutet Rad. Die Bezeichnung weist auf das Aussehen der Chakren hin, die von sensiblen, hellsichtigen
Menschen wahrgenommen werden: Sie sind wie Blüten-
glocken, die sich pulsierend drehen.
Natürlich können Sie jetzt sagen: »Ich sehe keine Chakren
an mir, ich spüre keine, also gibt es sie nicht!« Wenn Sie
sich über längere Zeit (in der Meditation) Ihren Chakren
durch Hinfühlen, Visualisieren und durch Beatmen mit

der entsprechenden Farbe zuwenden, beginnen Sie, die feinen Schwingungen zu fühlen.

Chakren sind durch die Art und Weise
Ihres Denkens aktivierbar.
Sie spiegeln die Qualität Ihres
Bewußtseinszustandes.

Wenn Sie Ihren spirituellen Zustand auf ein bestimmtes Niveau anheben können, spüren Sie nach und nach die Existenz Ihrer Energiezentren.

Chakren sind Zentren, um Energie aufzunehmen
und zu transformieren.

Ich möchte Ihnen die Funktion der Chakren sehr genau erklären, denn Sie sind für Ihr Wohlbefinden wichtig: Eine Vielzahl emotionaler, geistiger und spiritueller Kräfte und Empfindungen beleben uns. Daraus entsteht unser Wesen und unsere Persönlichkeit. Hätten wir nicht diese Empfindungen – mögen sie wunderbar oder kummervoll sein –, wir könnten nicht existieren, nicht denken, nicht handeln. Wir wären empfindungslose Hüllen. Könnten wir nicht die universelle Energie aufnehmen, so könnten wir nicht einmal unseren Körper erhalten.

Physischer, mentaler und spiritueller Körper

Wir haben drei Arten von Körpern: unseren physischen, also den greifbaren, vitalen Körper; unseren mentalen, das heißt den Körper, der unsere Gedanken und Ideen trägt und in dem sich auch unsere rationalen und intuitiven Erkenntnisse befinden; und dann haben wir noch unseren spirituellen Körper, er ist unser höchster Aspekt und verbindet uns mit dem, was ich »das göttliche Sein« in uns nennen möchte. Ich meine hier nicht göttlich im Sinne von Konfession, sondern die Rückverbindung (Religio) zum Universum, das uns eint und in dem wir alles, was wir waren, sind und werden können, finden. Die Chakren liegen nicht in unserem vitalen Körper, sondern an der Oberfläche des Ätherkörpers (des spirituellen Körpers).

Wir haben sieben Hauptchakren, das sind die wichtigsten Energiezentren, und sie liegen dort, wo wir unsere Hauptnervenknoten des jeweiligen Körperbereiches haben. Sie entsprechen somit auch den sieben endokrinen Hauptdrüsen. (Endokrine Drüsen sind nach innen arbeitende Drüsen, die verschiedene Körperzonen so versorgen, daß wir uns gesund fühlen.)

Wo unsere Chakren liegen

Wenn ich Ihnen anschließend die genaue Lage und Funktion jedes Chakras erkläre, gehe ich auch auf die endokrinen Drüsen genauer ein. In unserem Ätherkörper befinden sich noch einundzwanzig Nebenchakren. Doch wenn unsere Hauptchakren richtig arbeiten, tun das auch diese Nebenschaltstellen.

Der Vollständigkeit halber beschreibe ich auch die Lage dieser einundzwanzig Nebenchakren: Wir haben jeweils eines vor jedem Ohr, eines auf jeder Seite oberhalb unserer Brust, jeweils eines zwischen den Schlüsselbeinen, eines in jeder Handfläche (die sind für das Aufnehmen von Heilenergie wichtig), haben auf jeder Fußsohle eines,

hinter jedem Auge eines, dann eines an der Geschlechts-
drüse, an der Leber, eines am Magen, zwei an der Milz,
eines in jeder Kniekehle, eines an der Thymusdrüse und
eines am Sonnengeflecht. Nach den Erkenntnissen der
Akupunktur kreuzen sich an diesen Stellen vierzehn Ener-
gielinien. Also sind es wichtige Körperstellen.

Die Hauptchakren liegen an der Vorderseite unseres Körpers, haben aber an der Rückseite des Körpers ein Gegen-
stück. Gemeinsam stellen sie den vorderen und rückwärti-
gen Aspekt unseres Körpers dar. Vorne spielt sich unser
Gefühlsleben ab und hinten unser willentliches Sein. Da
wir lernen sollten, aus unserem Gefühl heraus, besser
gesagt aus unserer Intuition heraus zu leben – und unseren
Willen nur als Unterstützung einzusetzen –, sind unsere
vorderen Chakren die, denen wir unsere Aufmerksamkeit
zuwenden sollten. Von jedem dieser Hauptchakren zieht
sich ein feiner Energiekanal zur Wirbelsäule hin und mün-
det in einen Hauptenergiekanal, der parallel zur Wirbelsäule verläuft.

Wenn Sie die Meditationstechnik meiner Farbenlandschaft benützen, aktivieren Sie Ihre Chakren. Sind Sie
nach einiger Zeit ein Profi der Stille geworden, spüren Sie
bei der entsprechenden Farbe zum richtigen Chakra hin.
So tun Sie viel Gutes für Ihre Gesundheit und für Ihr
emotionales Empfinden.

Die sieben Hauptchakren und ihre Wirkungsweise

Ich erkläre Ihnen nun, wo sich unsere Hauptchakren
befinden und alles, was es zum jeweiligen Chakra Wichtiges zu erwähnen gibt.

– Das erste Chakra ist das *Wurzelchakra.*

Ihm zugeordnet wird die Nebenniere als Drüse, es beeinflußt die Körperzone der Wirbelsäule und die Nieren. Es liegt an der Verlängerung der Wirbelsäule, ist mit dem Steißbein verbunden und öffnet sich nach unten. Es schwingt in einem intensiven Rot (Mohnblume), und diesem Chakra zugeordnet ist der Geruchssinn. Dieses Chakra steht für unseren körperlichen Willen zum Sein. Wir beziehen hier die Qualität unserer Energien, um in dieser Welt harmonisch leben zu können.

Wenn die Lebenskraft, die wir aus dem Kosmos und aus unserer Erde beziehen können, voll und ohne Blockaden durch dieses Zentrum strömt, dann ist der Lebenswille stark, und man sagt: »Ich bin jetzt hier!«, steht mit beiden Beinen auf dem Boden der Wirklichkeit, ist kräftig und voller Lebensfreude. Ist dieses Chakra blockiert, so ist dieser Mensch »nicht da«. Er hat ein niedriges Energieniveau und kränkelt oft. Aktivieren wir es, erdet und stabilisiert es uns.

– Das zweite Chakra ist das *Sakralchakra.*

Es heißt auch Kreuzzentrum. Ihm sind die Keimdrüsen zugeordnet, und damit beeinflußt es das Fortpflanzungssystem. Es liegt am oberen Teil des Kreuzbeines, etwas über der Schamhaargrenze und öffnet sich nach vorne. Es schwingt in einem orangen Farbton (Orangen), und ihm zugeordnet ist das Schmecken.

Dieses Zentrum steht für die Vitalität und die Qualität der Liebe zum anderen Geschlecht. Hier entsteht die Voraussetzung für das liebe- und lustvolle Geben und Nehmen auf der körperlichen und geistigen Ebene. Hier liegt die schöpferische Fortpflanzung des Seins.

Ist dieses Zentrum blockiert, so ist man nicht imstande, echt zu leben und sich hinzugeben – egal, ob es sich um die sexuelle Vereinigung handelt oder einfach um die liebevolle Zuwendung zu Freunden oder zum Partner. Wenn wir es aktivieren, bringt es unsere Vitalkräfte in Fluß.

– Das dritte Chakra ist das *Solar-Plexus-Chakra*.
Es heißt auch Nabelzentrum und wird auch als Zwerchfellzentrum bezeichnet. (Der Solar-Plexus ist das Sonnengeflecht.) Diesem Chakra wird die Bauchspeicheldrüse zugeordnet, und es werden damit der Magen, die Leber, die Gallenblase und das Nervensystem versorgt und gesteuert. Es liegt zwei Finger breit oberhalb des Nabels und öffnet sich nach vorne. Es schwingt in einem gelben bis goldgelben Farbton (Sonnenblume).

Sie kennen sicher den Ausdruck »etwas aus dem Bauch heraus machen«. Und so ist dieses Chakra, wenn es in Ordnung ist, die Quelle unserer Freude, weil wir unsere Einzigartigkeit erkennen und unseren Platz im Leben gefunden haben. Wir fühlen uns im Universum geborgen und schöpfen aus diesem Bewußtsein Vertrauen und Weisheit. Wir haben dann ein tiefes und reiches Gefühlsleben. Es ist auch die Stelle, wo ein Kind einstmals, durch die Nabelschnur, mit der Mutter verbunden war. So steht es auch für die Verbindung zweier Menschen, sei es zum Kind oder zu einem anderen Menschen.

Dieses Chakra ist außerdem auch maßgebend für den Willen zur körperlichen Gesundheit. Liegt jemandem die Gesundheit sehr am Herzen, ist dieses Zentrum gesund. Das Solar-Plexus-Chakra ist mit der Fähigkeit verbunden, unsere »Ausstrahlung«, das Charisma zu entwickeln.

Ist es blockiert, sind auch unsere Gefühle blockiert, und dieser Mensch hat nicht die Möglichkeit, die Liebe, bestehend aus Herz und Sex, je kennenzulernen. Er kann sich selbst nicht lieben und annehmen – und nie den Sinn seiner Existenz erfassen. Er ist ein Hypochonder, der ewig alle Krankheiten hat und nie richtig glücklich ist. Wenn wir es aktivieren, wird es uns wandeln, uns gestalten und uns läutern.

– Das vierte Chakra ist das *Herzchakra.*

Es heißt auch Herzzentrum. Ihm ist die Thymusdrüse zugeordnet, die unser Herz, unser Blut und den gesamten Kreislauf versorgt und mit Energie ernährt. Ihm zugeordnet ist der Tastsinn. Es liegt nicht über dem Herzen, sondern in der Mitte der Brust und öffnet sich nach vorne. Es schwingt in der Farbe Hellgrün, oft auch rosa schimmernd (junge Gräser mit rosa Blüten).

Dieses Zentrum ist sehr wertvoll für unser Leben, und wir sollten alles tun, damit es gesund ist. Es ist das Zentrum, durch das wir lieben – Liebe im Sinne von Seinshingabe. Wir lieben dann uns selbst, unsere Kinder, unseren Partner, die Familie, Freunde, kurz alle Mitmenschen und alle Geschöpfe dieser Erde. Von diesem Zentrum aus verbinden wir uns mit jenen Menschen, die unser Leben bereichern.

Wenn wir Liebe durch unser Herzchakra (unbewußt oder bewußt) fließen lassen, treten uns oft Tränen in die Augen. Wir nehmen dann nicht nur unsere Einzigartigkeit und Schönheit wahr, sondern auch die unserer Mitmenschen und akzeptieren ihr Wesen ohne zu werten.

Es ist das wichtigste Zentrum im Heilungsprozeß, denn bevor Heilungskräfte die Hände eines Menschen verlassen, steigen sie zuerst in das Herzchakra. Nur so können sie wirklich zum Wohl eines Menschen eingesetzt werden.

Ist das Herzzentrum blockiert, kann man nicht selbstlos lieben. Man erwartet dann immer etwas vom anderen, ist zu Lebzeiten eine arme Seele und wird nie selbst heil sein können – und schon gar nicht Heil bringen. Aktivieren wir es, können wir uns dem Leben hingeben.

– Das fünfte Chakra ist das *Kehlkopfchakra.*

Es wird auch Halschakra genannt. Es ist unser Kommunikationszentrum, und ihm ist die Schilddrüse zugeordnet, die unsere Bronchien, die Stimmbänder, die Lunge und die Speiseröhre versorgt. Es liegt zwischen Halsgrube und Kehlkopf und öffnet sich nach vorne, und es schwingt in der Farbe Hellblau (blauer Himmel). Ihm zugeordnet ist der Gehörsinn.

Wenn wir ein intaktes Kehlkopfchakra haben, dann sind wir erstens in der Lage, die Verantwortung für unsere eigenen Bedürfnisse zu übernehmen, und es ist unser Zentrum, durch das wir anziehen, was wir aussenden. Es ist das Zentrum der Kommunikation mit den Menschen – und wenn Sie daran glauben können: auch mit der jenseitigen Welt. Durch dieses Chakra wird unsere Intuition mit Bewußtsein erfüllt, und wir können damit Ziele und Selbstkonzepte erfahren. Wir können glauben, vertrauen und annehmen.

Wenn es nicht in Ordnung ist, fehlt uns die Gabe des »Miteinander-Könnens«, wir sind allem und jedem gegenüber mißtrauisch und bringen uns um die Gabe der intuitiven Eingabe und Handlung. Wenn wir es aktivieren, lernen wir, uns besser untereinander zu verbinden und mit dem Universum zu kommunizieren.

– Das sechste Chakra ist das *Stirnchakra*.

Es ist unser »drittes Auge« oder unser »inneres Auge«. Ihm ist die Hypophyse als Drüse zugeordnet, das Zwischenhirn, das linke Auge, die Ohren, die Nase, und wieder wird ein Teil des Nervensystems mit Energie versorgt. Es liegt einen Finger breit über der Nasenwurzel, in der Mitte der Stirn, zwei Finger breit hinter der Stirn (inneres Auge) und öffnet sich nach vorne. Energetisch erstreckt es sich über alle unsere Sinne und schwingt in der Farbe Indigoblau (dunkler Nachthimmel).

Dieses Chakra ist das Zentrum unserer übersinnlichen Wahrnehmungen. Es steht im Zusammenhang mit dem

Visualisieren. Wir schaffen uns in diesem Zentrum die Vorstellung von unserem jetzigen Leben, wie wir es gut oder schlecht gestalten können. Wir schaffen uns hier auch die Vorstellung des Universums und all dessen, was mit uns wird. Man könnte sagen, hier schaffen wir uns unseren Himmel oder unsere Hölle. Denn niemand anderer tut dies für uns – es ist unser freier Wille, das Rechte zu denken und zu erschaffen.

Im blockierten Zustand sind wir nicht fähig, irgendeine Erkenntnis zu erfahren – wir sind einfach arme Erdenmenschen. Wird es aktiviert, »erkennen« wir.

– Das siebte Chakra ist das *Kronenchakra*.

Es wird auch Scheitelzentrum genannt. Die zugeordnete Drüse ist die Zirbeldrüse, die das Großhirn und das rechte Auge versorgt. Es ist oben, in der Mitte auf unserem Kopf, und öffnet sich nach oben. Es schwingt in den Farben Weiß, Gold und Lila (Nebel, glitzernde Tautropfen).

Dieses Chakra verbindet den Menschen mit seiner Spiritualität, oder nennen wir es Göttlichkeit. Durch dieses Zentrum nimmt er die Verbindung mit seinem höheren Selbst auf und erkennt den göttlichen Funken in sich. Macht man diese Erfahrung, erlangt man durch diese Verbindung ein Gefühl der Ganzheit, des Friedens und des Glaubens und erkennt, daß unsere Existenz Sinn hat.

Wenn Sie die Chakrenfarben in eine Ihrer Meditationstechniken einfließen lassen, werden Sie Ihre Chakren aktivieren und in bessere Harmonie bringen. Sie blockieren Ihre Chakren durch Ihre Denkweise oder durch selbstzerstörerische Lebensweise.

Durch die Verbesserung Ihres Denkens und Ihrer Lebensweise können Sie auch die Qualität Ihrer Energiezentren anheben. Es liegt an Ihrem Bewußtsein, wie gut Ihre Energiezentren arbeiten.

Energieausgleich

Wenn einige Chakren mit Energie überversorgt und einige unterversorgt sind, so daß Sie entweder zu kopflastig oder zu erdig sind, dann können Sie mit Handauflegen einen Ausgleich schaffen.

Verbinden Sie Ihr Stirnchakra mit dem Wurzelchakra, indem Sie eine Hand auf Ihre Stirn und die andere Hand auf das Schambein legen. Lassen Sie Ihre Handflächen auf jedem Chakra ungefähr drei Minuten liegen. Vielleicht können Sie das Fließen der Energie in Ihren Armen spüren. Machen Sie das dann beim Kehlkopfchakra und beim Sakralchakra (eine Handfläche auf den Hals, die andere zwei Finger breit unter den Nabel). Dann verbinden Sie das Herzchakra und das Solar-Plexus-Chakra (eine Handfläche auf die Brustmitte, die andere zwei Finger breit über dem Nabel). Bevor Sie das alles als Unsinn abtun, sollten Sie es versuchen – es ist toll!

Sie stellen eine Verbindung her, wodurch sich Ihre Energien besser in Ihrem Körper verteilen können. In jedem Reiki-Buch können Sie das sehr gut nachlesen.

Übungen für mehr Energie

Es gibt Übungen, die einen plötzlichen Abfall von Energie auffangen. Ich möchte Ihnen meine energetische Aufladung für zwischendurch empfehlen. Ich verbinde dabei die Energie der Erde (die weibliche, vegetative Energie) mit der Energie des Kosmos (männliche, ordnende, zielgerichtete Energie). Ich nenne diese Übung:

Himmel und Erde verbinden.

Stellen Sie sich ganz unverkrampft hin. Die Beine stehen leicht geöffnet nebeneinander. Die Hände strecken Sie dem Himmel entgegen. Nun stellen Sie sich vor (visualisieren und fühlen Sie), daß aus Ihren Fußsohlen Wurzeln in die Erde führen. Sie gehen zwischen den Wurzeln der Pflanzen und Bäume hindurch bis tief ins Erdinnere, wo die rotglühende Lava brodelt. Aus Ihren Fingern wachsen feine Adern in den Himmel, führen zwischen den Gestirnen, an Sonne und Mond vorbei und reichen tief in den Kosmos hinein.

Nachdem Sie sich das vorgestellt haben, beginnen Sie zu atmen. Sie atmen durch die Nase ein und spüren, wie Energie aus dem Erdinneren, aus den Wurzeln der Bäume und Pflanzen, aus der Kraft der Lava durch Ihre Wurzeln in Ihren Körper fließt. Diese Energie ziehen Sie mit der Einatmung weiter (durch Ihre Beine) hinauf in Ihren Körper und halten dann die Luft so lange fest, bis Sie das Gefühl haben, Erdenergie erfüllt Sie vollkommen.

Beim Ausatmen geben Sie den Rest der Erdenergie an den Kosmos ab. Sie fühlen dabei, daß durch die Adern, die aus Ihren Händen nach oben führen, die restliche Energie, die Ihr Körper nicht verbraucht hat, ausströmt.

Nun machen Sie das Ganze umgekehrt. Atmen ein, ziehen Energie aus dem Kosmos durch die Handadern in Ihren Körper, halten die Luft, und damit die kosmische Energie, wieder so lange in Ihrem Körper fest, bis er damit ganz erfüllt ist, und lassen den Rest durch Ihre Wurzeln in die Erde fließen.

Sie nehmen also einmal Erdenergie auf und geben an den Kosmos einen Teil davon ab. Dann nehmen Sie kosmische Energie auf und geben einen Teil an die Erde ab. Dabei ist Ihr Körper die Verbindung zwischen Himmel und Erde. Man könnte auch sagen, Sie verbinden Ying und Yang, Rei und Ki oder Geist und Lebensprinzip.

Diese Übung ist sehr einfach, wenn Sie sie ein paarmal gemacht haben. Das Gefühl des Wurzelschlagens und die Verbindung der Fingeradern zum Kosmos stellt sich sofort ein, wenn Sie die Haltung des X (Beine leicht gespreizt, Hände nach oben gerichtet) einnehmen. Haben Sie das Gefühl, genug Energien aufgenommen zu haben, ziehen Sie Ihre Wurzeln und Ihre Handadern ein.

Sobald Sie es können, machen Sie den letzten Atemzug so, daß Sie aus Himmel und Erde gleichzeitig Energien ziehen und diese im Zentrum Ihres Körpers (Nabelgegend) belassen. Legen Sie abschließend Ihre Hände auf den Bauch und danken Sie im Geist der Schöpfung. Sie brauchen höchstens ein paar Minuten auf diese Weise energetisch zu atmen, und Sie werden sich sehr erfrischt und wieder viel besser fühlen. Tun Sie das, bevor Sie eine Arbeit beginnen, die viel Konzentration und Genauigkeit verlangt.

Wenn Sie sich etwas besonders Gutes tun wollen, verbinden Sie diese Energieübung mit richtigem Atmen. Holen Sie die Luft aus dem Kosmos (bis drei zählen), halten Sie diese im Körper fest (bis neun zählen) und geben Sie den Rest an die Erde ab (bis sechs zählen).

Machen Sie dreimal täglich diese Übung (zehn energetische Atemzüge statt der einfachen Atemübung) über einen längeren Zeitraum, so versichere ich Ihnen, es gibt wenige Pillen auf der Welt, die Ihnen mehr Kraft, Gesundheit und Ausgeglichenheit schenken als diese einfache Übung.

Denken Sie daran, wenn Sie krank sind. Falls Sie auch nur für kurze Zeit das Bett verlassen dürfen, steht dieser Übung nichts mehr im Wege. Sie können sie, wenn Sie sehr schwach sind, auch im Sitzen machen. Die Übungen sprechen für sich, wenn sie gemacht und nicht belacht werden!

Sanfte Heilverfahren

Damit Sie die Heilung Ihres Körpers, Ihres Geistes und Ihrer Seele unterstützen, möchte ich Ihnen einige Methoden oder Therapien nennen, die man heute als alternative Heilmethoden bezeichnet. Ich nenne Sie lieber sanfte Heilverfahren. Sie haben keine Nebenwirkungen und ermöglichen, daß dem Körper Energie zugeführt oder die energetische Schwingung des Körpers verändert wird. Es werden Meridiane aktiviert, Blockaden im Körper beseitigt und auf diese Weise die Selbstheilungskräfte angeregt.

Alle sanften Heilverfahren aufzuzählen ginge zu weit. Ich möchte Ihnen Akupunktur und Akupressur sowie Ayurveda-Therapie, Aromatherapie, Bach-Blütentherapie, Farbtherapie, Homöopathie, Kinesiologie, Musiktherapie, Polarity, Rebirthing und Reiki nennen, wobei es noch weitere sehr gute Möglichkeiten gibt, die Ihr körperliches, geistiges und seelisches Wohlbefinden positiv beeinflussen.

Ich habe den I. und II. Grad in Reiki (Rei = Leben, Ki = Energie) und kann die Wirkung dieser schönen Heilmethode beurteilen. Ich habe Reiki für mich gewählt, weil ich weiß:

Zu jeder Art des Heilens gehört Liebe.

Man heilt bei Reiki durch das Auflegen der Hände, indem man durch sie Energie in die kranken Stellen fließen läßt. Wenn ich mich einem Menschen, in dem Bedürfnis zu helfen, liebevoll zuwende, um ihn wieder heil zu machen, dann werden Energien frei, die man als Wunder bezeichnen möchte. Einem Menschen die Hände sanft aufzulegen ist eine sehr menschliche Geste und für mich mit dem Begriff »be-handeln« verbunden.

Reiki ersetzt nicht den Arztbesuch, ist jedoch wunderbar beruhigend (damit habe ich meine langjährigen Schlafstörungen vollkommen beseitigt), ist schmerzstillend, krampflösend, und eine Verkühlung bringe ich in kurzer Zeit zum Verschwinden. Die Behandlung von Kopfschmerzen geht schnell und ohne Tabletten. Mit dem II. Grad Reiki kann man Fernbehandlungen durchführen und die Psyche eines Menschen beeinflussen. Damit hat man sehr sorgfältig umzugehen, da gut überlegt sein will, inwiefern in das Leben eines Menschen eingegriffen werden darf. Einen Menschen nie ohne sein Wissen und Wollen zu behandeln ist oberstes Gebot.

Güte und Zuwendung bringen Heil

Sie brauchen nicht unbedingt einen Reiki-Grad zu erwerben, um durch das Auflegen Ihrer Hände zur Besserung eines Leidens beizutragen. Legen Sie dem Menschen, dem Sie helfen wollen, Ihre Hände auf seine kranken Stellen und lassen Sie Energie durch Ihre Hände in seinen Körper fließen. Sie sind nur Mittler dieser Energien und sollten sich dessen bewußt sein. Hilfe für einen kranken Menschen darf nur mit diesem Wissen und dieser Einstellung gegeben werden.

Versuchen Sie es an sich selbst: Wenn Sie Kopfschmerzen haben, legen Sie Ihre Hände sanft auf die schmerzenden Stellen. Lassen Sie die Hände zehn bis fünfzehn Minuten dort liegen – es wird Ihnen sehr gut tun. Legen Sie abends, wenn Sie unruhig sind, eine Hand auf Ihren Magen (Solar-Plexus) und eine Hand auf die Stelle, die sich ungefähr zwei Finger breit unter Ihrem Nabel befindet. Sie werden ruhig und schlafen viel leichter ein.

Wenn Sie sich für Reiki interessieren, möchte ich Ihnen das Buch »Reiki, universale Lebensenergie« von Bodo J. Baginski und Shalila Sheramon empfehlen. Informieren Sie sich, probieren Sie Reiki aus, und wenn Sie diese Heilmethode anspricht, suchen Sie sich einen guten Reiki-Lehrer-Meister, bei dem Sie einen Grad erwerben können.

Sensibilität für sich selbst

Horchen Sie in sich hinein, werden Sie sensibel für die Stelle, die weh tut, die Energie braucht. Fühlen Sie, wie Sie die Energien, die uns umgeben, durch Ihre Hände in Ihren Körper fließen lassen. Wenn Sie das öfter tun, werden Sie dieses Fließen spüren lernen und Ihrem Körper damit mehr Aufmerksamkeit und Zuwendung schenken. Sie können das bald – tun Sie es einfach!

Interessieren Sie sich für alternative Therapien

Die wunderbare Wirkung der Bach-Blütentherapie und der Homöopathie kann ich ebenfalls aus eigener Erfahrung bestätigen. Beide Therapien sind durch Ärzte den Menschen geschenkt worden, die in unzähligen Versuchen an sich selbst die Wirkung testeten. (Bach-Blüten durch den englischen Arzt Dr. Bach, die Homöopathie verdanken wir dem deutschen Arzt Dr. Samuel Hahnemann.) Die Homöopathie hat inzwischen ihren festen Platz in der Heilkunde gefunden.

Zu den anderen Methoden empfehle ich: Interessieren Sie

sich dafür, kaufen Sie sich Fachliteratur und stellen Sie fest, ob Sie eine Therapie besonders anspricht. Je mehr Informationen, desto besser. Wenn Sie eine entsprechende Therapie machen wollen suchen Sie sich einen Fachmann auf dem Gebiet und keinen (billigen oder teuren) Pfuscher. Wenn ein Therapeut zum Beispiel mit Bachblüten wirklich umgehen kann, brauchen Sie nicht allzu oft hinzugehen. Er wird nach einem ausführlichen Gespräch wissen, welche Blüten Sie brauchen. Es sind in der Folge ein paar Verordnungen notwendig, und die Blütenessenzen werden ihre heilende Wirkung auf Ihre Seele, auf Ihren Geist und auf Ihren Körper ausüben.

Ich habe eine sehr liebe Freundin, die während eines ganz normalen Gesprächs die Blüten fühlt, die ein Mensch braucht. Ich bin fasziniert, wenn ich ihr zuschaue, wie Sie die Mischungen herstellt. Hat sie für einen bestimmten Menschen die richtige Mischung fertig, sieht man, wie sich ihr Körper entspannt. Sie fühlt auf diese Art, daß damit alle fehlenden Schwingungen in der Blütenmischung sind. Sie hat unzähligen Menschen mit dieser besonders zarten Therapie geholfen. Sie ist ein wunderbarer Mensch und würde ihre Gabe nie mißbräuchlich einsetzen.

Um an die richtigen Adressen zu kommen, gibt es in Deutschland den *Fachverband Deutscher Heilpraktiker,* bei dem Sie erfahren, wer wo mit welchen sanften Methoden behandelt und bei wem Sie Seminare und Kurse besuchen können.

In der Schweiz wenden Sie sich an den *Schweizerischen Verband für natürliches Heilen,* der Ihnen entsprechende Fachleute nennt (Ärzte oder Heiler).

In Österreich, wo Heilpraktiker nicht zugelassen sind (natürlich auch in Deutschland und in der Schweiz), hilft Ihnen Ihre Landes-Ärztekammer weiter und nennt Ihnen Namen und Anschriften jener Allgemeinmediziner, die bereits ein umfangreiches Angebot an alternativen Heilmethoden anbieten.

Die entsprechenden, aktuellen Adressen erfragen Sie am besten bei der Telefon-Auskunft.

Abschließend möchte ich Ihnen noch empfehlen: Suchen Sie sich einen Arzt, den Sie mögen und dem Sie vertrauen. Der es nicht als Humbug abtut, daß Sie einen Geist und eine Seele haben, die genauso krank sein können wie der Körper und unbedingt mitbehandelt werden müssen. Einen, der versteht, daß Sie auch andere Heilmethoden als Tabletten und das Aufschneiden brauchen. Wenn Sie glauben, diesen humanen Mediziner gefunden zu haben, dann besprechen Sie mit ihm, welche Methode der alternativen Heilung zu der Methode der Schulmedizin paßt und sie sinnvoll ergänzt.

Wenn er über Sie den Kopf schüttelt, suchen Sie sich einen anderen Arzt. Es ist Ihr Körper und nicht seiner. Sie haben jedes Recht darauf, das Beste für sich zu bekommen.

Sie haben aber auch die Pflicht,
Ihren Körper vernünftig zu behandeln,
Ihren Geist klar zu halten
und Ihre Seele liebevoll zu pflegen.

11. Kapitel

Im 11. Kapitel lesen Sie,

- was Sie für Ihr geistiges Wohlbefinden tun können

- daß auch unser Geist Pflege braucht

- daß Freude durch *uns* geschieht

- wie wir die Freude an unser Leben binden

- was Sie für Ihr seelisches Wohlbefinden tun können

- was Seelenhygiene bedeutet

- daß Lachen und Weinen beide zum Leben gehören

- das Lächeln eine Botschaft der Liebe ist

- daß Helfen der Seele gut tut

- daß Sie selbst die Macht besitzen, glücklich zu werden

- wie schön Freude am Erfolg ist

- daß Lob so wenig kostet und so viel bewegt

- wie wundervoll Begeisterung wirkt

Wie komme ich zu geistigem und seelischem Wohlbefinden?

Der Geist eines Menschen ist unendlich, und im Geiste sind wir alle eins. Wir haben den gleichen Ursprung und den gleichen göttlichen Funken in uns. Wenn wir bereit sind, das zu begreifen, bekommt unser Leben und unsere Umwelt eine andere Bedeutung. Wir können dann nicht mehr egoistisch und gleichgültig zu unseren Mitmenschen sein, wir werden zu allen Lebewesen gütiger, quälen sie nicht, sondern beschützen sie, und wir bringen es nicht mehr so leicht übers Herz, unserer Umwelt Schaden zuzufügen.

Was kann ich für mein geistiges Wohlbefinden tun?

Begreifen Sie sich als Teil dieser Schöpfung, dann verstehen Sie, daß jeder Teil eines Ganzen in Ordnung sein muß, damit die Einheit funktioniert. Nur wenn jede Zelle Ihres Körpers richtig arbeitet, funktionieren Sie als Ganzheit. Deshalb sollten Sie keinen kranken Geist dulden, denn Sie beeinträchtigen damit die Geisteshaltung der Welt.
Wenn zehn Menschen in einem Raum, in ihrem Geist, das

Bewußtsein von Haß und Neid festhalten, dann wird dieser Raum von einer feindseligen Atmosphäre erfüllt sein. Übertragen Sie dieses Beispiel auf die Geister eines Landes, eines Kontinents, auf die Welt, dann wirkt sich das genauso aus. Kriege entstehen zuerst im Geist – und es kann nur dann wirklichen Frieden geben, wenn die Geister der Menschen mit friedlicher Bereitschaft erfüllt sind.

Sagen Sie nicht: »Was nützt es, wenn ich liebevolle, friedfertige Gedanken habe. Die anderen sind voller Rachegedanken, sollen die sich zunächst einmal ändern!« Ja, wo wollen Sie denn anfangen, wenn nicht bei sich? Beginnen *Sie*, zuerst *Ihren* Geist mit den richtigen Bewußtseinszuständen zu erfüllen! Halten Sie in *Ihrer* geistigen Wohnung Sauberkeit, und lassen Sie es darin strahlen, dann wird Ihr Nachbar, wenn er Sie besucht, vielleicht auch auf die Idee kommen, *seine* ungemütliche Bude aufzuräumen und liebevoller auszugestalten.

Wir haben immer zuerst bei uns
Ordnung zu schaffen!

Die Pflege unseres Geistes

Denken Sie die richtigen Gedanken, so werden Sie Ihr ganzes Wesen durchdringen, und Sie bringen Ruhe, Kraft, Liebe, Harmonie in Ihr Leben und in das Ihrer Umgebung. Lassen Sie zerstörerische Gedanken in Ihrem Geist zu, dann werden Sie und Ihre Umwelt darunter zu leiden haben.

Sie sind verantwortlich für Ihre Geisteshaltung –
der ganzen Schöpfung gegenüber.

Kann man seinen Geist pflegen? Ja, es ist ganz wichtig, Ihren Geist zu pflegen, und zwar mit schönen Gedanken, die aus lebendiger Lebensfreude entstehen. Begreifen Sie bitte, wie wichtig es ist, Freude in Ihr Leben zu lassen.

Freude kommt auf vielerlei Art und Weise zu uns. Wenn wir einem Menschen begegnen, den wir lieben, sind wir voll Freude. Wenn wir einen wahren Freund finden, sollten wir uns sehr freuen. Wenn wir Musik hören, die Natur betrachten, uns ein Bild begeistert, steigt Freude in unser Bewußtsein.

Machen wir uns bewußt,
daß Freude durch uns geschieht.

Das wundervollste Konzert wird Sie nicht beglücken, wenn Sie voll Ärger, Neid, Haß oder Wut dort sitzen und Ihre Gedanken wie pures Gift sind. Sie haben doch schon geträumt! Setzen Sie einen Ihrer Träume (den, wie Sie Ihr Talent fördern wollen, zum Beispiel) in die Tat um. Damit können Sie sofort beginnen, das bringt Freude!

Binden Sie Freude an Ihr Leben

Wenn Sie tanzen wollen, singen, kochen, turnen, malen, dichten, ein Handwerk erlernen oder studieren möchten – beginnen Sie damit, und Freude kehrt in Ihren Geist ein. Lassen Sie nicht mehr davon ab, denn nur, wenn Sie Ihr Talent in Ihr Leben integrieren, binden Sie auch diese Freude an Ihr Leben. Denken Sie nach, was Ihnen Freude macht, und fangen Sie diese Freude ein.

Sie können Ihrem Geist sowohl in einem Konzerthaus als auch beim Männergesangsverein sehr viel Freude zukommen lassen. Sie können dadurch, daß Sie einen schlankeren Körper bekommen, sehr viel Freude haben. Sie können im Garten arbeiten und jedes neue Pflänzchen voll Freude sprießen sehen. Sie können ein Kästchen für die Schuhe der Familie basteln, und weil es perfekt gelungen ist, präsentieren Sie es voll Freude. Sie freuen sich, wenn Sie beim Spaziergang Pilze finden und diese abends, gut zubereitet, auf dem Tisch stehen. Sie finden Freude, wenn Sie Dankbarkeit in den Augen eines einsamen Menschen sehen, dem Sie eine Stunde aufmerksam und interessiert zugehört haben. Wenn Sie ein Buch lesen, das Ihr Innerstes bewegt, Sie köstlich unterhält oder Ihr Wissen bereichert, dann haben Sie einen gedruckten Freund in der Hand, der Ihnen Freude bringt. Ein gemütlicher Abend, mit den richtigen Freunden verbracht, ist Grund zur Freude. Freude ist ein inneres Gefühl; unabhängig von einer sogenannten »guten Tat«. Wenn Sie eine großzügige Geste der Versöhnung setzen, dann freuen sich sogar zwei Geister.

Sie sind umgeben von Freude.
Erkennen Sie sie und nehmen Sie sie an.
Freude ist göttlich und
Gott ist in jeder Musiknote und in jeder Pflanze,
ist überall zu finden!

Nehmen Sie zur Kenntnis, daß alle Last, die Sie sich schaffen, Ihrem Geist schadet, und alle Freude, die Sie sich so reichlich schaffen können, Ihren Geist klärt und zu geistigem Wohlbefinden führt.
Betrachten Sie das als Herausforderung, für den Geist der ganzen Welt etwas zu tun, indem Sie bei sich selbst beginnen.

Was kann ich für mein seelisches Wohlbefinden tun?

Gott hauchte dem Menschen eine Seele ein, um ihn zu erwecken. Die Seele ist demnach das Göttlichste an uns. Wenn wir etwas ganz zart und fein finden, sagen wir: hauchfein, hauchzart. Gehen Sie hauchfein und hauchzart mit Ihrer Seele um? Die meiste Zeit vergessen wir unsere Seele. Nur wenn wir sehr glücklich oder sehr traurig sind, spüren wir, daß wir eine Seele haben. Dabei wäre es so wichtig, unsere Seele mit besonderer Sorgfalt zu hegen und zu pflegen, denn wenn unsere Seele gesund ist, dann ruhen wir in uns und haben zu uns gefunden. Dann ist alles in unserem Leben einfach und schön.

Seelenhygiene

Wenn ich meine tägliche Meditation mache, spüre ich, daß ich meiner Seele nahe komme. Ich öffne mich dem Gefühl der inneren Kraft und Freiheit, die ich durch Seelenpflege zu behalten versuche. Wenn Ihnen der Begriff Seelenpflege zu abstrakt ist, dann erkläre ich Ihnen meine Art, die Seele zu streicheln. Denken Sie nach, ob da nicht auch bei Ihnen etwas zu tun wäre!

Unsere Seele ist sehr leicht zu erreichen, wenn wir Gefühle zulassen. Leider wird schon kleinen Buben eingebleut, daß ein Indianer keinen Schmerz kennt. Heute gibt es zu viele männliche und weibliche Indianer, die keinen Schmerz mehr kennen, aber auch kein Glück. Wir sind stolz auf unsere Selbstbeherrschung und pflegen unsere Maske. Stehen Sie zu Ihren Gefühlen, sind Sie verletzbarer – dafür erreicht Liebe und Glück Sie viel leichter.

Lachen und Weinen

Was kann tiefste Trauer besser von der Seele schwemmen als erlösende Tränen? Warum sollen wir nicht Tränen des Glücks weinen, wenn wir diesem Gefühl begegnen, das unsere Seele übergehen läßt?

Gefühle zuzulassen, sie auszudrücken ist Labsal für uns. Ich laufe nicht ständig vor Kummer oder Glück weinend herum, aber wenn mir zum Weinen ist, dann lasse ich es geschehen. Es tut mir gut, und neugierige Augen sind mir egal. Genauso wenig verbeiße ich mir ein Lachen, nur weil in einer Runde lauter mißmutige Gesichter sitzen. Lachen ist etwas Schönes, sehr ansteckend – solange es von Herzen kommt (eigentlich von der Seele) und nicht ein hämisches, schadenfrohes, also falsches Lachen ist. Ich lache sehr gerne, bin ein heiterer Mensch und kann auch über mich lachen. Blamiere ich mich – na und, mir soll nichts Schlimmeres passieren! Ich schaue mir die Komik einer Situation an – und lache! So bleibt kein unguter Geschmack zurück.

Es ist schön, mit Menschen Kontakt über das Lachen herzustellen. Lächeln Sie einen griesgrämigen Menschen an: Einige dieser Ärmsten schauen daraufhin noch griesgrämiger drein, viele sind zuerst verblüfft und lächeln dann zurück. Lächeln Sie Ihre liebsten Menschen oft an – denn:

Lächeln ist eine Botschaft der Liebe!

Ich lasse auch das Kind in mir zu, das fallweise neugierig und kindisch ist und spontan reagieren darf. Warum glauben wir, daß wir uns dauernd beherrschen müssen? Wenn Ihnen zum Lachen ist, verbeißen Sie es sich nicht. (Es sei denn, Sie verletzen damit einen Menschen, oder es ist der unpassende Ort. An Glaubensstätten gibt es beispielsweise nichts zu lachen.)

Wenn Ihnen zum Weinen ist, setzen Sie keine versteinerte Maske auf. Unterdrückte Trauer legt sich wie ein eiserner Reif um Ihr Herz, und Ihre Seele erstarrt buchstäblich vor Kummer. (Selbstverständlich ist es nicht gut, am Bett eines todkranken Menschen, der Angst vor dem Sterben hat, in Tränen auszubrechen.)

Wenn Sie kindisch sein wollen, dann tun Sie es – alleine oder im Kreise von Menschen, die Sie kennen. (Im Restaurant den Teller wie eine Fünfjährige abzuschlecken, weil dort der Rest des wundervollen Desserts ist, ist weder kindlich noch kindisch, sondern ungehörig.)

Hier und da, am richtigen Platz, zur richtigen Zeit albern zu sein, macht Ihre Seele fröhlich. Werden Sie sensibel für Freude und Glück, und lassen Sie keinen Augenblick des Glücks vorbeigehen, ohne kurz an Ihre Seele zu denken, dann pflegen Sie Ihren göttlichen Hauch.

Wenn Sie helfen, tut das Ihrer Seele gut

Hilfe, die ich geben kann, ist gut für meine Seele. Ich kann sowieso nicht immer helfen, und es muß auch nicht die große Lebenshilfe sein, um Befriedigung zu verspüren. Es gibt kleine spontane Gesten, die einem Menschen, in einer gewissen Notlage, besonders willkommen sind.

Helfen Sie dort, wo Hilfe nicht erwartet wird. Sie tun es einfach, weil es notwendig ist und Ihre Seele Sie dazu drängt. Wenn Sie einen dankbaren Händedruck und ein erlösendes Lächeln dafür bekommen, tut das Ihrer Seele sehr gut.

Die Macht glücklich zu sein

Mein Leben war nicht immer erfüllt und glücklich. Ich habe es dazu gemacht. Ich habe Erfüllung in mein Bewußtsein genommen und sie auch im äußeren Leben erhalten. Das heißt nicht, daß in meinem Leben jetzt immer eitel Sonnenschein herrscht. Aber ich ertrage Regenschauer und Sturm in dem Wissen, daß ich immer selbst der Auslöser dafür bin und es in meiner Macht liegt, wieder für Schönwetter zu sorgen. Also danke ich der Schöpfung jeden Tag für mein Leben und für alles, was mir noch gegeben wird, sei es als Lernprozeß oder als Belohnung.

Ich bin glücklich darüber, daß es in meinem Leben Menschen gibt, die ich in mein Herz schließen durfte. Genauso wundervoll ist das Gefühl und das Wissen, auch im Herzen eines anderen Menschen einen festen Platz zu haben. Durch meine größere Bereitschaft, mich auch einer Abweisung oder Enttäuschung auszusetzen, und durch eine größere Offenheit gegenüber meiner Umwelt habe ich im letzten Jahr sehr viele neue Menschen als wahre Freunde bekommen. Ich freue mich darüber und bemühe mich, Ihnen ebenfalls eine gute Freundin zu sein.

Erfolg folgt, wenn ...

Unserer Seele tut Erfolg sehr gut. Wenn Sie erfolgreich sind, werden Sie reich, weil etwas – durch Sie – erfolgt. Folglich können Sie auf sich stolz sein. Früher verstand ich Erfolg sofort als Aufforderung, noch mehr und noch besser zu arbeiten. Mich noch mehr anzutreiben, den Umsatz weiter zu erhöhen. Wenn ich wach lag, noch intensiver darüber nachzudenken, welche Verbesserungen ich in

meinem Betrieb einführen könnte, und doch hatte ich schlußendlich immer das Gefühl: Du könntest noch viel erfolgreicher sein, es ist alles nicht gut genug!
Um Erfolg zu haben, genügt es nicht nur zu träumen. Es gehört schon ein wenig mehr dazu. Es stimmt, daß Sie zuerst Ihre Vision von dem, was Sie erfolgreich tun wollen, haben müssen. Dann sollten Sie Ihre Arbeit mit Freude und besonders gut machen. Darüber hinaus gehört kreatives Denken und Planen und der absolute Glaube an das Gelingen dazu. Dann kommt die Lust am Handeln. Das sind für mich erprobte Schritte, die unweigerlich zum Erfolg führen. Sobald sich der Erfolg einstellt, genießen Sie ihn von ganzem Herzen.

Lernen Sie Freude am Erfolg zu haben!

Den Erfolg genießen heißt, sich für eine besondere Leistung zu lieben. Heißt sich zu loben und die Früchte des Erfolges, sprich den Zuwachs an Fülle, das Materielle sinnvoll zu nützen.
Nehmen Sie auch den Erfolg Ihrer Kollegen, Mitarbeiter oder den Erfolg Ihres Partners zum Anlaß und spenden Sie Lob. Neidlos Lob spenden! So wie Ihnen Lob guttut, tut es jedem anderen Menschen auch sehr gut. Ich nenne Lob die Streicheleinheit für die Seele.

Lob kostet so wenig und bringt so viel!

Ich nahm mir keine Zeit, mich jemals zu loben und schon gar nicht, die Früchte des Erfolges zu genießen. Nach jedem Erfolg hatte ich schon wieder damit zu tun, dem neuen Druck nachzukommen. Bis ein wirklicher Freund einmal sagte: »Ich verdiene zwar weniger als du, aber ich lebe viel schöner. Wann beginnst du endlich deinen Erfolg zu genießen?« Dieser Satz machte mich sehr betroffen. Er hatte mich in der Seele getroffen. Mittels vieler unangenehmer Botschaften des Lebens lernte ich schön langsam, meine geernteten Früchte zu verspeisen. Ich senkte den Druck, plante Freizeit ein, delegierte Arbeiten, widmete mich mehr meinen Sehnsüchten und Talenten – und blieb trotzdem erfolgreich! Ich hörte endlich auf meine innere Stimme und ließ mich von meinem Verstand nicht mehr fehlleiten. Als ich das Gefühl hatte: »Du hast jetzt genug vernünftige Arbeit geleistet, mach endlich, was dein Herz so sehr begehrt«, tat ich es.

Ich bin der Meinung, meine Arbeit ist nun vielleicht nicht so vernünftig, aber sehr sinnvoll, und ich habe mich nie zuvor lebendiger und glücklicher gefühlt! Trotzdem arbeite ich viel, und das Wort Streß kenne ich noch immer – aber es ist positiver Streß, der mich anregt und mir guttut. Vor einiger Zeit begann ich mit einem Projekt, das ein ganzes Jahr dauerte. Es war ein Seminar, in dem ich Menschen ermunterte, kreativ zu schreiben, sich durch das Schreiben ihre Probleme als Lernprozesse bewußt zu machen und diese dadurch leichter lösen zu lernen. Darüber hinaus machte jeder Teilnehmer ein individuelles Mentaltraining, um seine Persönlichkeit und sein Leben positiv zu verändern. Die Gruppe und ich hatten an diesem Seminar und seinen Zielsetzungen sehr viel Freude. Ich kannte meine Verantwortung, denn alle Teilnehmer erhofften sich Veränderungen und sehnten Glück und Erfolg herbei. Sie vertrauten darauf, daß ich sie richtig führte. Da wir meine erprobten Schritte gingen, hatten wir nach relativ kurzer Zeit bereits wunderbare Ergebnisse. Schlußendlich hatte ich dann nicht nur die Teilnehmer von der Wirksamkeit eines konsequenten Trainings – in Verbindung mit Gedankendisziplin – überzeugt, sondern auch ich selbst wurde darin bestärkt, Menschen immer wieder auf die

Kraft unserer Gedanken und unseres Vorstellungsvermögens hinzuweisen. Phantasievolles Träumen, unbeirrbarer Glaube an das Gelingen, kreatives Visualisieren und tatkräftiges, lustvolles Handeln führen uns an jedes Ziel!

Begeisterung

Wenn Sie die Begeisterung und Lebendigkeit in meinen Worten spüren – bitte nehmen Sie etwas davon! Ich würde Sie sehr gerne anstecken. Begeisterung ist etwas, das der Seele die größten Flügel verleiht.

Sie kommen nur dann zu körperlichem, geistigem und seelischem Wohlbefinden, wenn Sie sich lieben und vorbehaltlos annehmen; wenn Sie Ihren Körper durch genügend Bewegung, vernünftiges Essen und Pflege gesund erhalten; wenn Sie lernen, die Vergangenheit loszulassen und im Hier und jetzt zu leben; wenn Sie Herrscher im Reich Ihrer Gedanken werden; wenn Sie Ihr Bewußtsein auf alles Schöne und Gute um Sie herum und in Ihrem Leben lenken; wenn Sie durch Meditation oder durch Atemtechnik lernen, Ihr Gemüt und Ihren Geist ruhig und klar werden zu lassen; wenn Sie nicht an das Negative denken, das Sie vermeiden wollen, sondern stets an das Positive, das Sie erreichen wollen; und wenn Sie sich endlich der Freude öffnen!

12. Kapitel

Im 12. Kapitel lesen Sie,

- daß wir unser Leben aus der richtigen Perspektive sehen können

- daß es gut ist flexibel und vorausschauend zu leben und daß es für alles eine Lösung gibt

- wie Sie den roten Faden in Ihrem Leben erkennen

- daß Fehler und Probleme Lernprozesse sind

- wie wichtig die Worte »Bitte« und »Danke« sind

- daß Sie mit Anmut vergeben sollten

- daß Sie besser den spannenderen Weg gehen

- daß Sie Lob aussprechen lernen

- daß Sie Ihr Leben mutig leben

- wie Sie die richtige Perspektive einnehmen

- wie Sie Ihren wahren Wert erkennen können

Die richtige Perspektive

Sie haben jetzt viele meiner Schritte, die Glück, Ge-sundheit, Harmonie und Zufriedenheit in mein Leben brachten, kennengelernt, und ich hoffe, Sie haben einige der in diesem Buch beschriebenen Schritte getan oder probieren sie gerade aus. Ich empfehle sie Ihnen – ich bin nicht sicher, ob alle für Sie gut und richtig sind. Was mir guttat, muß für Sie nicht das Beste sein. Sie können aber sicher sein, daß ich Ihnen nichts Schlechtes ans Herz lege, denn ich schreibe in dem aufrichtigen Bedürfnis, Ihnen zu helfen, gesund und glücklich zu werden. Sie sollen durch mein Buch zu der Überzeugung kommen: Das Leben ist ein wunderschönes, aufregendes Abenteuer, dem ich auf jeden Fall gewachsen bin! Ich rate Ihnen wieder: Werden Sie sensibel dafür, was Sie zum Ziel führt, nehmen Sie sich von allem das Beste – auch von diesem Buch. Eines können Sie unbesehen mitmachen:

Brechen Sie mit mir dorthin auf,
wo Sie aus der richtigen Perspektive
auf den Fluß Ihres Lebens hinabsehen können.

Es ist der wichtigste Weg während Ihres Lebens, der einzige, auf dem Sie keinen Schritt zurück machen können, und Sie sollten ihn deshalb genau kennen. Denn wenn Sie wieder einmal vom »Pech« verfolgt werden oder einen »Schicksalsschlag« erleiden, dann versetzen Sie sich sofort an diese Stelle der richtigen Perspektive. Um so mehr wir uns gegen eine Lektion sträuben – desto weher tut sie. Haben Sie es einmal geschafft, ein Ereignis, das in Ihr Leben tritt, als Teil eines sinnvollen Geschehens zu begreifen, dann haben Sie einen Riesenschritt in Ihrer geistigen Entwicklung geschafft.

Flexibel und vorausschauend sein

Ich möchte die Metapher vom Fluß des Lebens benutzen: Da auch ein Fluß nie zurück, sondern immer nur vorwärts fließen kann, wäre es viel besser, Ihren Blick auch immer nur vorausschauend gerichtet zu halten. So werden Sie es wie das Wasser machen: Sie werden den Stein, der im Weg liegt, rechtzeitig erkennen und überlegt planen, wie Sie um dieses Hindernis am besten herumkommen. Wasser fließt nie durch den Stein, sondern bahnt sich einen Weg um den Stein.

Vom richtigen Punkt, aus der richtigen Perspektive, sehen Sie rechtzeitig dieses Hindernis und können überlegen: »Wie komme ich am besten daran vorbei? Welche Richtung schlage ich jetzt ein? Ursprünglich hatte ich diesen Weg zwar nicht im Sinn, er erscheint mir unüblich – doch vielleicht ist er viel zielgerichteter und besser!« Gehen Sie nicht immer den leichtesten Weg, sondern den besten und dabei nie mit dem Kopf durch die Wand, sondern die Tür suchen. Prägen Sie sich ein:

Es gibt für alles eine Lösung!

Bemühen Sie sich, flexibler zu werden, denn dann passen Sie sich dem Rhythmus und dem Strom des sich immer verändernden Lebens an. Vergeuden Sie Ihre Kräfte nicht mit sinnlosen Kämpfen. Lernen Sie vermeintliche Hindernisse positiv zu nutzen.

Erkennen Sie den roten Faden?

Blicke ich heute auf mein Leben in seiner Gesamtheit zurück, erkenne ich den roten Faden, der sich durch alle Ereignisse, Zufälle, Probleme, Hindernisse und Glücksfälle zieht. Ich verstehe, warum ich zu einem bestimmten Zeitpunkt ein bestimmtes Buch in die Hand bekam oder einem bestimmten Menschen begegnete. Ich verstehe, warum ich zu einem bestimmten Zeitpunkt durch eine Krankheit zur Ruhe – und damit zur Besinnung – gebracht wurde. Warum ein sehnlicher Wunsch nicht in Erfüllung ging oder warum ich einen Menschen loslassen mußte. Ein Geschehen, das mir vor zwanzig Jahren widerfuhr und das ich damals für eine Katastrophe hielt, sehe ich jetzt als weise Entscheidung einer höheren Intelligenz, die mich damit auf den Weg brachte, der mir heute so viel Freude macht. Eines Tages sah ich mein Leben aus der richtigen Perspektive, und alles wurde leichter. Ich konnte von diesem Zeitpunkt an Unangenehmes besser annehmen, denn der große Überblick zeigte mir: »Alles hat dich in deiner Entwicklung weitergebracht.« Ich hatte endlich begriffen:

Fehler und Probleme sind Lernprozesse.

Menschen, die schwere Krankheiten überstanden haben, sind nicht nur deshalb glücklich – sie haben unendlich viel gelernt, verstanden!

So sehr wir es genießen, Angenehmes zu erleben – und das sollten wir, wenn es sich einstellt, aus ganzem Herzen tun –, es bringt uns nicht weiter! Wir lernen daraus nichts! Wir lehnen uns zufrieden zurück, doch es fordert uns nichts! Unser Geist döst. Bekommen Sie ein Problem vorgesetzt, erhalten Sie »Unterricht in Lebenskunde«, und Ihr Geist wird hellwach.

In dem Augenblick, wo Sie sich fragen: »Warum habe ich dieses Ereignis bekommen?«, werden Sie Antwort erhalten. Die Voraussetzung ist Einsicht und Ehrlichkeit gegen sich selbst. Sie bekommen immer die Lektion, die Sie nicht begreifen wollen. Haben Sie die Lektion gelernt, sind Sie gescheiter geworden. Wenn nicht, bekommen Sie Nachhilfeunterricht vom »Professor Leben« – er präsentiert Ihnen die gleiche Aufgabe wieder.

Ein Beispiel dazu: Wenn Sie ständig auf Menschen hereinfallen, die Sie zu Handlungen überreden, welche für Sie stets ein schlechtes Ende nehmen (sei es ein Verkäufer, der Sie zu unbedachten Einkäufen überredet, oder ein redegewandter Freund, dem Sie eine verhängnisvolle Bürgschaft leisten, oder ein Mensch, dem Sie wegen seiner schönen Worte vollkommen verfallen), dann bedenken Sie, was das Leben Sie lehren will: »Bleib nicht an der Oberfläche, sondern schau tiefer in einen Menschen hinein! Laß dich nicht von schönen Worten blenden!«

Sie werden so lange Lehrgeld zahlen, bis Sie begriffen haben. Denken Sie nach: Welche Situationen ziehe ich immer wieder an? Daraus sollten Sie lernen und weiser werden – Sie ersparen sich viele unnötige, unangenehme und teure Lektionen!

Wenn Sie, so wie wir alle, Fehler machen, denken Sie nie mehr: »Mir gelingt doch nichts! Schon wieder versagt!« Sagen Sie sich: »Das war falsch. Das war eine Lektion. Jetzt weiß ich, wie ich es nicht machen darf. Diesen Fehler mache ich nie mehr. Ich bin klüger geworden!« Dann haben Sie aus Ihrem Fehler gelernt.

Zwei wichtige Worte

Wenn Sie meinen, daß Ihr Leben total verfahren ist und Sie alleine nicht mehr zurechtkommen, suchen Sie sich einen Menschen, bei dem Sie sich aussprechen können. Sich manchmal alles von der Seele zu reden (oder zu schreiben!) bringt Ihnen nicht nur Erleichterung, sondern oft plötzliche Klarheit – Ihr Gegenüber muß dabei gar nicht viel tun. Wenn ein anderer Mensch Sie braucht, denken Sie daran! Fehlt Ihnen ein Ansprechpartner, so gibt es viele soziale Einrichtungen, die Ihnen kostenlos Rat und Hilfe anbieten.

Wahre Freunde freuen sich, wenn Sie ihnen Vertrauen schenken und sie helfen können. Lernen Sie beizeiten, die Spreu vom Weizen zu trennen – dann kennen Sie Ihre echten Freunde. Bitten Sie um Hilfe, wenn Sie wirklich Hilfe brauchen.

Zwei der wichtigsten Worte
der menschlichen Sprache sind:
Bitte! und *Danke!*

Wenn Ihnen von einem Menschen oder vom Leben geholfen wird, dann vergessen Sie nie, sich zu bedanken!

Ich hoffe, Sie können irgendwann (besser sehr bald) einsehen, daß das Leben uns nie bestraft, sondern uns lehrt. Strafen erlegen wir Menschen uns selber auf und haben sie dann zu ertragen. Halten Sie auch in einer schwierigen Situation in Ihrem Bewußtsein fest:

>Ich leide, aber ich lerne begreifen!
Ich werde es nie mehr so tun!«

Und bei der nächsten, gleichen Situation greifen Sie auf Ihre Erfahrung zurück und setzen Ihr neues Wissen ein. Dann hat die Lektion Sinn gehabt!

Vergebung

Haben Sie einem Menschen weh getan, dann bitten Sie um Verzeihung. Wir tun den Menschen, die wir lieben, oft unbedacht sehr Schmerzhaftes an. Das passiert, denn niemand ist ohne Fehl und Tadel. Wenn das jemand von sich behauptet, ist er entweder ein Heiliger oder ein Scheinheiliger. Mir ist bis jetzt noch kein Heiliger begegnet.

Wenn Sie mit einem anderen Menschen Differenzen oder Streit hatten und Sie meinen: »Da kannst du nicht nachgeben, du bist im Recht!«, tun Sie es trotzdem. Es fällt Ihnen kein Zacken aus der Krone, und Sie schaffen sich entweder einen neuen Freund, einen Menschen, der Sie in einem anderen Licht sieht, oder zumindest einen neutralen Menschen. Sie haben auf keinen Fall einen neuen Feind. Halten Sie sich an die Empfehlung von Winston Churchill, der ein guter Diplomat war:

Wenn du nachgeben mußt,
tu es mit Anmut!

Sie zeigen damit, daß Sie eine Persönlichkeit sind, und können sich mit dieser Lebenseinstellung viele unnötige Steine aus dem Weg räumen.

Ein spannender Weg

Der leichtere Weg ist immer der ebene – auf dem Sie beim Gehen einschlafen! Wollen Sie das wirklich?
Der interessantere Weg ist der, auf dem sich Hindernisse ergeben und der uns nicht schon jetzt die Richtung für die nächsten zwanzig Jahre erkennen läßt. Lassen Sie nie zu, daß Ihr Leben schal, eintönig und trostlos wird. Sorgen Sie für sinnvolle Abwechslung und bilden Sie sich weiter. Geben Sie Ihrem Geist Nahrung, denn Sie wissen, alles entsteht zuerst im Geist und:

> Es ist der Geist, der gut und böse macht,
> traurig oder glücklich, reich oder arm.

Geistige Nahrung ist nicht nur mehr Wissen und Information, Kunst, Kultur, Bildung und so weiter, es sind auch die richtigen Freunde. Suchen Sie sich Freunde, die Sie nicht negativ beeinflussen, sondern die Ihre Entwicklung fördern. Sei es durch Gespräche, durch ihr Wesen, durch Werte und Ziele, die Sie geistig weiterbringen. Natürlich bringen Sie Ihren Teil in eine Freundschaft ein, denn Sie dürfen niemals nur nehmen. Fangen *Sie* immer mit dem Geben an. Geben Sie zuerst: Liebe, Freundschaft, Hilfe, Fürsorge ..., alles, was Sie selbst so gerne haben wollen. Sie können ganz sicher sein, das Leben wird es Ihnen vergelten. Sie werden nicht zum Übermenschen, nur weil Sie endlich erkennen, was für Sie gut ist. Wenn Sie heiter, lustig, liebevoll, offen, interessiert und voller Lebensfreude werden, ist es das Normalste von der Welt. So will Sie das Leben haben und nicht anders.
Nehmen Sie Rücksicht auf schwächere Menschen und werden Sie nie gleichgültig gegen das Leid anderer.

Lobende Worte

Es gibt etwas, an das ich Sie nochmals erinnern möchte und das ganz wichtig für das Weiterkommen Ihrer Kinder ist: Lob! Denken Sie bei der Erziehung daran, daß Sie mit Lob tausendmal mehr erreichen als mit Schimpfen, Vorhaltungen und Tadel.

Für Ihr Weiterkommen ist wichtig: Gewöhnen Sie sich bei allen Menschen, mit denen Sie zu tun haben, an, das zu finden, was an ihnen lobenswert ist. Sagen Sie es ihnen, und Sie können sicher sein, daß sich dadurch für Sie viele Türen öffnen werden.

Werden Sie freier, offener, liebenswürdiger anderen Menschen gegenüber. Sagen Sie es, wenn Sie die Arbeit, die Persönlichkeit oder das Aussehen eines Menschen gut finden oder Sie etwas an ihm bewundern. Es laufen nicht lauter Hellseher herum – Sie müssen es aussprechen! Nehmen Sie Anteil an allem, was um Sie herum geschieht – nur so bekommen Sie das Gefühl der Lebendigkeit.

Haben Sie mehr Mut!

Auch wenn es in Ihrem Leben gerade jetzt nicht rosig aussieht: Gewöhnen Sie sich an, das Gefühl eines ständigen Vorankommens in Ihrem Bewußtsein festzuhalten. Glauben Sie unbeirrt daran, daß Gesundheit, Glück und Erfüllung Ihr natürlicher Zustand sein werden.

Wenn Sie sich ständig von allen Menschen hintergangen fühlen, meinen, daß überall das Unglück auf Sie lauert, dann gibt es kein glückliches Leben. Sind Sie kleinmütig und jammern Sie jedem vor, wie ungerecht Sie das Leben behandelt, dann tun Sie sich nichts Gutes.

Lachen Sie dem Leben mutig ins Gesicht,
dann schaut Sie die Welt anders an!

Suchen Sie sich (wenn Sie das brauchen) ein Vorbild. Sie kennen sicher einen Menschen, von dem Sie denken: »Genauso lebendig und lebensbejahend möchte ich sein!« Sie brauchen eigentlich nichts anderes zu tun, als genauso zu handeln, sich genauso zu benehmen, genauso zu sprechen, zu sein wie dieser Mensch. Wenn Sie seine Persönlichkeit spiegeln und konsequent dabei bleiben, verändern Sie sich. Ich denke, Sie sind so gescheit und nehmen sich nicht das größte Schlitzohr als Vorbild.

Ich möchte Sie an das 2. Kapitel meines Buches erinnern: Seien Sie liebevoll und gelassen, egal zu wem und was Sie tun – ein Monat Training, und Sie verlieben sich in sich selbst! Wenn Sie sich einmal daran gewöhnt haben, freundlich zu sein, ein heiteres Gemüt zu haben, stets den festen Glauben in sich tragen: »Das Leben unterstützt mich«, dann verändert sich auch Ihr Aussehen und Ihr ganzes Wesen. Ich werfe einen Blick in das Gesicht eines Menschen nd k n Ine seine geistige Haltung. Allein die Falten eines Gesichts sagen sehr viel über den seelischen Zustand eines Menschen aus. Seine Haltung spiegelt wider, wie er sich im Leben verhält. Mit der Veränderung Ihres Bewußtseins geht tatsächlich eine Korrektur Ihres Aussehens einher. Keine Schminke und nicht die tollste Kleidung kann über die Wahrheit hinwegtäuschen.

Probieren Sie einmal, wenn der Himmel über Ihnen einzustürzen scheint, eisern den Blick über der Horizontlinie und den Oberkörper gerade zu halten. Es ist ihnen einfach nicht mehr möglich, in einem Zustand der Mutlosigkeit oder Traurigkeit zu bleiben.

Erkennen Sie wieder das Gesetz: Wie innen – so außen. Oder diesmal: Wie außen – so innen!

So kommen Sie zur richtigen Perspektive

Die einzige Übung, mit der Sie schneller Ihre Situation aus der richtigen Perspektive sehen lernen und Ihr Gemüt stabilisieren können, erkläre ich Ihnen nun sehr genau. Wenn Sie sie oft üben, wird Sie zu einer Ihrer wertvollsten Lebenshilfen werden.

Bewußt das Bewußtsein verlagern.

Setzen Sie sich aufrecht hin. Schließen Sie die Augen und denken Sie an Ihr momentanes Problem, das Sie zu Tränen rührt, Sie zu Wutausbrüchen drängt oder zutiefst deprimiert.
Konzentrieren Sie sich auf alle Gedanken und Empfindungen, die mit dieser Situation verbunden sind, und verlagern Sie Ihr Bewußtsein in den Bauch. Lassen Sie sich Zeit zu spüren . . .
Sie fühlen nun, daß Sie Ihre Situation besonders emotional, mit Gefühlen beladen, erleben. Alles sieht ärger aus, als es ist.
Atmen Sie tief durch und konzentrieren Sie sich wieder auf Ihre Gedanken und Empfindungen, die mit dieser Situation verbunden sind, und verlagern Sie Ihr Bewußtsein in Ihr Herz. Lassen Sie sich Zeit zu spüren . . .
Sie erleben nun, daß Sie das Leid und den Schmerz Ihrer Situation sehr intensiv erleben, es tut Ihnen das Herz weh, aber Sie spüren nicht mehr den wilden Aufruhr der Gefühle. Lassen Sie sich Zeit zu spüren . . .
Atmen Sie tief durch, und konzentrieren Sie sich wieder auf Ihre Gedanken und Empfindungen, die mit dieser Situation verbunden sind, und verlagern Sie Ihr Bewußtsein in Ihr drittes Auge (der Punkt mitten auf Ihrer Stirn). Lassen Sie sich Zeit zu spüren . . .

Sie erleben nun, daß Sie entweder den tieferen Sinn einer Situation erkennen oder das Motiv einer Handlung, sei es die eigene oder eine fremde, erfassen.

Ist das Bewußtsein ins innere Auge verlagert, läßt der Schmerz nach. Ihre Emotionen werden beruhigt.

Atmen Sie tief durch, und stellen Sie sich vor, daß sich Ihre Wirbelsäule verlängert. Sie führt weiter und endet ungefähr zwanzig Zentimeter über Ihrem Kopf.

Konzentrieren Sie wieder all Ihre Gedanken und Empfindungen, die mit dieser Situation verbunden sind, und gehen Sie mit Ihrem Bewußtsein an diese Stelle über Ihrem Kopf. Bleiben Sie nun dort, und erleben Sie diese Situation.

Lassen Sie sich viel Zeit, denn *jetzt haben Sie die richtige Perspektive!*

Sie sehen das Ereignis von einer höheren, umfassenderen Warte aus – und aus diesem Bewußtsein heraus integrieren Sie die Situation in Ihr gesamtes Leben. Sie sind sozusagen dissoziiert – haben eine gewisse Distanz zur Emotion –, und jetzt erst sollten Sie reagieren! Üben Sie diese Bewußtseinsverlagerung, und nehmen Sie beliebige Situationen aus Ihrem Leben zum Lernen. Schauen Sie sich jede Situation auf die vier Arten an:

- Bauch = Emotion, Gefühl,
- Herz = Empfindung,
- Inneres Auge = Erkenntnis,
- Geist = Weisheit.

Wenn Sie blitzschnell Ihr Bewußtsein in Ihren höchsten Geist verlagern können, so steht Ihnen in jeder schwierigen Situation der Zugang zur Weisheit und Übersicht offen. Aus dieser Bewußtseinshaltung heraus setzen Sie die gescheitesten Handlungen!

Bleiben Sie in diesem Bewußtsein, so lange Sie können. Allmählich werden Sie Ihr Bewußtsein für lange Zeit dort halten. Kontrollieren und korrigieren Sie sich, wenn Sie merken, daß Sie wieder aus dem Bauch heraus oder zu gefühlsbeladen reagieren oder sich aus ganzem Herzen kränken.

Suchen Sie Erkenntnis und Weisheit zu vereinen und danach zu handeln. Wenn Sie diese Übung beherrschen und befolgen, haben Sie einen weiteren Schritt gemacht, Ihr Leben erfolgreicher zu gestalten.

Den wahren (eigenen) Wert erkennen

Es gibt etwas ganz Wichtiges, um ein angenehmer Zeitgenosse zu sein und Erfolg zu haben:

> Nehmen Sie sich nicht zu wichtig,
> und sehen Sie sich selbst
> auch aus der richtigen Perspektive!

Jeder Mensch ist einmalig und sollte sich dessen bewußt sein – die eigene Wichtigkeit bedarf jedoch eines gesunden Maßes und darf nicht in Selbstbeweihräucherung ausarten. Selbstverständlich kann Ihre Tätigkeit anspruchsvoller sein als die anderer Menschen, Sie können mehr verdienen für Ihre Arbeit, Sie können mehr leisten, können besser aussehen als andere, können mehr Besitz haben, eine bessere Bildung, mehr Talente und so fort – aber wichtiger sind Sie deshalb nicht!

Jeder Mensch ist ein Teil der Schöpfung, und ohne ihn wäre die Ganzheit gestört. *Sie* können nie beurteilen, wie wichtig *der andere* ist. Sie können höchstens aus Ihrer beschränkten Sicht heraus werten, für wie wichtig *Sie* ihn halten oder für wie wichtig *Sie sich selbst* halten! Halten Sie sich für wertvoll, ist das gut. Halten Sie sich für unendlich wichtig, würde ich Ihnen die richtige Perspektive empfehlen – und außerdem: »Behalten Sie diese Meinung für sich!« Die Menschen Ihrer Umgebung meinen vielleicht, daß Sie nicht so wichtig sind, wie *Sie* glauben. Indem Sie nun bei Gesprächen nur Ihre Meinung, Ihren Eindruck, Ihre Auslegung, Ihren... und Ihren... und Ihren... den Zuhörern aufdrängen, werden Sie immer unsympathischer.

Wenn Sie manchmal ein Gefühl der Unsicherheit haben und nicht wissen, wie Sie sich in einem Kreis von Menschen geben sollen – verhalten Sie sich so, wie Sie selbst gerne behandelt werden möchten, dann machen Sie alles richtig. Werden Sie sensibel für das rechte Maß, und trampeln Sie nicht mit schweren Stiefeln auf den Zehen Ihrer Mitmenschen herum.

Wenn Sie – aus der richtigen Perspektive – Ihren wahren Wert erkennen, haben Sie der Welt viel zu geben. Es wäre schade, Ihre Gaben und Talente, Ihre Hilfe und Ihr Wissen uns allen vorzuenthalten.

13. Kapitel

Im 13. Kapitel lesen Sie,

- welche Gedanken ich Ihnen ans Herz legen möchte
- was Sie tun können, wenn Sie mutlos sind
- daß Sie eine königliche Macht besitzen
- daß »jetzt« der beste Zeitpunkt ist
- daß Liebe das Wichtigste im Leben ist
- was ein Schlüssel zu einem glücklichen Leben ist

Meine Worte zum Geleit

Haben Sie dieses Buch gekauft, gelesen und sich entschlossen, Ihr Leben, Ihre Gesundheit und Ihre Persönlichkeit positiv zu verändern, dann hoffe ich, Sie spüren die Energien, die hinter meinen Worten stehen.

Gedanken, die ich Ihnen mit viel Liebe und Energie ans Herz legen möchte

Ich habe einige Passagen mit besonders viel Kraft und Liebe geschrieben, weil ich der Meinung bin, daß Wörter gewisse Schwingungen weitergeben können. Nehmen Sie mir meinen stellenweise erhobenen Zeigefinger nicht übel, sondern verstehen Sie diese Geste als Bitte, über sich nachzudenken, um sich ein klares Bild davon zu verschaffen, wie Ihr jetziger seelischer, geistiger und körperlicher Zustand ist.

Dazu habe ich Ihnen Übungen beschrieben, die ich alle mit Erfolg an mir selbst und an Menschen, die Hilfe brauchten, angewandt habe. Es genügt nicht, sie zu lesen. Sie sollten sie nachmachen, benützen, den Erfolg spüren und in Ihr Leben integrieren.

Bücher waren für mich immer sehr gute Freunde, die mir Kraft, Hilfe, Freude, Wissen und Entspannung brachten. Erlauben Sie mir, daß mein Buch ein neuer Freund wird, der Ihnen helfen darf, glücklich zu werden.

Lassen Sie sich nicht von Menschen beirren, die meinen: Spiritualität ist mit Erfolg und Lebensfreude nicht vereinbar! Es gibt sehr spirituelle Menschen, die keinesfalls in den Keller gehen zum Lachen und die ein überaus erfolgreiches Leben führen. Mein jetziger Lehrer Harald Wessbecher ist ein tolles Vorbild für mich – er ist ein spiritueller, sensitiver Mensch, der über einen scharfen Intellekt, umfassende Bildung und eine große Portion Humor verfügt – und den Erfolg scheint er gepachtet zu haben.

Wenn Sie mutlos sind

Ich möchte Ihnen einige Worte für Ihren weiteren Lebensweg mitgeben, die Sie, wenn Sie sich mutlos fühlen, immer wieder lesen können.

Egal, wie Ihr Leben zur Zeit ist, und egal, was Sie bis jetzt geglaubt haben, werfen Sie Ihre alten Meinungen und Begrenzungen aus ihrem Denken hinaus!

Werden Sie offen für ein neues Bewußtsein und für grenzenloses Denken. Wir sind auf dieser Erde, um uns zu entwickeln. Glauben Sie, daß es im Sinne der Schöpfung ist, wenn wir traurige, mutlose, kranke Menschen sind? Trotzdem pflegen so viele Menschen die Gedanken an Unglück, Armut, Krankheit mit einer Zielstrebigkeit, die bewundernswert wäre, wenn Sie in die Gegenrichtung führen würde.

Wir können ein schönes Leben haben, wenn wir bereit sind, uns innerlich so mit dem Bewußtsein der Lebensfreude zu erfüllen, daß nichts anderes Platz hat.

Königliche Macht

Wir brauchen uns nur an die Macht zu gewöhnen, die wir im Reich unserer Gedanken haben.

Wir können uns unsere Gedanken untertan machen
und sie klug beherrschen.

Sie werden es zum König in diesem Reich bringen und sich nicht wie ein armer Eindringling herumjagen lassen. Beobachten Sie, wie sich bis jetzt Ihr Denken abgespielt hat – wurden nicht eher Sie von Ihren Gedanken beherrscht? Dann ist es höchste Zeit einen Schlußstrich zu ziehen. Teilen Sie Ihren Gedanken mit: »Ab heute bestimme ich, was gedacht wird!«, und beginnen Sie sofort damit, ein lohnendes Ziel zu suchen, das Sie Ihren mißmutigen, disziplinlosen, destruktiven Gedanken entgegensetzen.

Es gilt ab jetzt nur das,
was Sie denken wollen!

Jede Minute Ihres Lebens ist viel zu kostbar, um ein Leben der Einengung, des Leides und des Unglücks – auch nur eine kurze Zeit – zu dulden.

Jetzt! Jetzt! Jetzt!

Beginnen Sie damit, eine neue glückliche Persönlichkeit zu werden, und fangen Sie sofort damit an. Schieben Sie es keine Minute mehr hinaus! Nicht nach dem Abendessen oder morgen oder wenn der Urlaub beginnt ist der passende Zeitpunkt – jetzt ist der beste Augenblick!

Deshalb schaut Ihr Tag ab jetzt anders aus: Sie bleiben gelassen und liebevoll – und wenn Sie in Ihren alten Trott zurückfallen, korrigieren Sie sich. Tun Sie das so lange, bis der Mensch, der Sie waren, Ihnen fremd geworden ist.

Machen Sie Ihre Arbeit ab jetzt mit Freude und Engagement, in dem Bewußtsein: Auch beruflich habe ich ein Ziel, das ich erreiche – jetzt mache ich zwar noch diese Arbeit, aber ungewöhnlich gut!

Wenn Sie von heute auf morgen Ihr Aussehen nicht so verändern können, wie es Ihrem Ideal entspricht, das Sie stets vor Ihrem inneren Auge tragen, dann halten Sie an der Gewißheit fest: Bald ist es so weit, ich komme diesem Bild täglich einen Schritt näher!

Sie haben sich auch eine feste Vorstellung von der Persönlichkeit gemacht, zu der Sie werden wollen. Jedes Wort, das Sie zu Ihren Mitmenschen sprechen, jedes Lächeln, jeder Gruß, jede Handlung ist von diesem neuen Bewußtsein durchdrungen. Die Verwandlung Ihres Inneren geht schneller als Sie denken!

Wenn Sie noch immer glauben, gewisse Dinge nicht bewältigen zu können – nur Mut! Sie sind aus dem selben Stoff wie all jene Menschen, die Sie bewundern oder beneiden.

> Sie sind nicht gleich,
> doch genauso wertvoll!

Ab jetzt machen Sie Ihrer Seele, Ihrem Geist und Ihrem Körper täglich das Geschenk der Stille. Ruhe in sich zu schaffen ist etwas Wunderbares, und Sie können sie überall, wo Sie sich gerade befinden, herbeirufen.

Ab jetzt ist die Vergangenheit für Sie vergangen. Sie leben im Hier und Jetzt und schaffen sich, von diesem Moment an, durch positive Gedanken Ihre vollkommene Zukunft.

Wenn Sie sich zurückerinnern, geschieht es ohne Emotionen, in dem Bewußtsein: »Ich kann an Vergangenem nichts ändern, aber ich kann ab jetzt alles besser machen.« Sie benützen ab jetzt keine negativen Redewendungen mehr, denn Sie wollen doch nicht, »daß Sie der Schlag trifft oder Sie immer nur Unglück haben«! Sie kontrollieren Ihre Ausdrucksweise!

Sie vergeben jetzt all den Menschen, an die Sie noch immer mit Groll oder Kummer denken. Vergeben Sie, denn erst dann können Sie loslassen.

Gedankenkontrolle lernt man nicht von heute auf morgen, doch Sie schaffen es! Dazu finden Sie einen Herzenswunsch und pflegen ihn wie Ihr liebstes Kind – er wird bestimmt immer mehr Gestalt annehmen, denn Ihr Unterbewußtsein bekommt nun neue Bilder und Impulse.

Sie nehmen sich mit all Ihren Fehlern und Schwächen an. Sie mögen sich, denn Sie sind einmalig und werden noch viel einmaliger – durch den Weg, auf dem Sie sich jetzt befinden.

Sie handeln und benehmen sich so, »als ob« sich Ihre höchste Vision schon erfüllt hätte. Damit erzeugen Sie eine andere Schwingung, die dem Gesetz der Entsprechung unterliegt.

Ab jetzt räumen Sie Gedanken der Angst keinen Platz ein. Ihr Reich ist erfüllt mit freudigen Gedanken – wo hat da Ihre ängstliche Kleinheit Platz?

Sie machen ab jetzt aus einer Mücke keinen Elefanten mehr, denn: Aus der richtigen Perspektive sehen Sie, daß die Welt nicht so schnell untergeht!

Sie reagieren – bei Freud und Leid – nicht mehr maßlos, sondern angemessen. Wenn Sie Erfolg haben, freuen Sie sich, wenn Sie Mißerfolg haben, lernen Sie daraus.

In der Stille erkennen Sie Ihre Lebensaufgabe, und wenn Sie Entscheidungen zu treffen haben, dann lernen Sie, auf

Ihre innere Stimme zu hören. Sie machen sich bewußt, daß der Verstand nur das ausführende Organ sein soll. Der Geist ist der unendliche Ursprung.

Sie erkennen und pflegen Ihr Talent. Was glauben Sie, wozu Sie es in die Wiege gelegt bekamen?

Sie träumen – prüfen, ob Sie an die Erfüllung glauben können – und drehen dann Ihren Glücksfilm. Sie schauen ihn (im Alpha-Zustand) jeden Tag an. Sie werden eine unbändige Freude empfinden, wenn Sie die ersten Ergebnisse haben.

Sie denken an meine Worte: Träumen allein genügt nicht!

Sie glauben – planen – handeln. Sie tun ab jetzt täglich etwas für Ihr körperliches Wohlbefinden: Ernähren sich richtig – machen mehr Bewegung – und atmen bewußt!

Sie aktivieren Ihre Selbstheilungskräfte, vergeuden nicht sinnlos ihre Energien, sondern verstärken sie durch Übungen und durch Gedanken, die Ihre Schwingung anheben.

Sie genießen das Leben, indem Sie die vielen schönen Dinge erkennen, die Ihnen die Schöpfung darbietet. Sie lassen die Freude zu einem treuen Begleiter werden.

Sie lassen Gefühle zu – und sind nicht gleich verzagt, wenn es einmal schüttet. Nach Schlechtwetter genießt man den Sonnenschein doppelt!

Es ist sehr wichtig, Ihr Bewußtsein mit dem richtigen Geist zu erfüllen. Deshalb halten Sie Ihr Bewußtsein auf die schönen Dinge des Lebens gerichtet:

Wie innen so außen –
Ihr Leben wird das, was Sie jetzt denken!

Gehen Sie mit Ihrem Bewußtsein an die richtige Stelle, damit Sie Situationen Ihres Lebens aus der richtigen Perspektive beurteilen.

Habe ich zu oft verlangt »Lernen Sie!«?

Liebe Leserin, lieber Leser – erscheint Ihnen das alles zu viel und zu schwierig?
Unser Leben besteht nun einmal aus einem unendlichen Lernprozeß, und ich denke, er ist mit unserem Tod noch nicht zu Ende. Ich weiß aber aus eigener Erfahrung, daß richtig leben lernen sehr viel Spaß macht. Es dauert eine gewisse Zeit, bis sich sichtbare Ergebnisse einstellen, und es erfordert etwas Disziplin – aber dann wird das, was Ihnen jetzt mühevoll vorkommt, ganz einfach schön und ganz einfach leicht!

Liebe

Das Schönste habe ich mir für den Schluß aufgehoben: Ich möchte Ihnen mit der Kraft all meiner guten Gedanken Liebe wünschen – daß Sie sich selbst lieben lernen und daß Sie die Kraft der Liebe erfahren.

Liebe ist das Wichtigste in unserem Leben.

Geben Sie so viel Liebe, wie Sie können: Ihren Kindern, Eltern, Freunden, Ihrem Partner, Ihren Kollegen, Ihren Vorgesetzten, allen Tieren und Pflanzen und der ganzen Welt. Liebe geht niemals verloren.
Beginnen Sie zu geben, dann kommt Liebe zu Ihnen zurück. Nehmen Sie Liebe mit offenem Herzen an. Übersehen Sie keinen noch so kleinen und schüchternen Liebesbeweis. Danken Sie Gott oder der Schöpfung für alle Liebe, die Sie erhalten. Liebe erfüllt Ihre Seele, Ihren Geist und Ihren Körper mit einer unbeschreiblichen Kraft. Sie ist

die wunderbarste Therapie, die es überhaupt gibt. Wenn Sie lieben, können Sie Berge versetzen – und Liebe geht über Worte und Gedanken hinaus. Ich glaube, Sie ist die Quelle unseres Seins und ist die höchste geistige Verbindung zwischen Menschen.

Natürlich kann Liebe auch das Gegenteil von Glück hervorrufen: Wenn Sie lieben, können Eifersucht, Zweifel, Abhängigkeit, Angst und Enttäuschung Ihr Leben schwer machen. Auch diese Erfahrungen gehören zum Auf und Ab des Lebens. Sie sollten dann die Ursache nicht im anderen Menschen suchen, sondern sich fragen: »Warum kam es so, was habe ich falsch gemacht?« Betrachten Sie Ihren Liebeskummer aus der richtigen Perspektive, und lernen Sie daraus. Überdenken Sie, ob Sie Erwartungen in Ihren Partner setzten, denen er nicht gerecht werden konnte, weil er ebenfalls andere Erwartungen hatte.

Erfüllen Sie jetzt Ihr Bewußtsein mit den richtigen Gedanken der Liebe, und seien Sie sicher:

Zum richtigen Zeitpunkt
tritt der passende Mensch in Ihr Leben –
wenn Sie reif für wahre Liebe sind!

Der Schlüssel zu einem glücklichen Leben

Wenn mich jemand fragt: »Was ist für Sie der Schlüssel zu einem glücklichen Leben«, dann sage ich, ohne nachzudenken:

»Glauben, lieben und lachen Sie!«

Umarmen Sie Ihr Glück, und halten Sie es fest!

Es darf nicht sein, daß Sie an nichts mehr glauben können, denn dann hat Sie Ihr Geist verlassen.

Es darf nicht sein, daß Sie niemanden zum Lieben finden, denn dann sind Sie innerlich tot.

Es darf auch nicht sein, daß Sie nichts zum Lachen finden, denn dann haben Sie kein Herz.

Das alles ist Grund genug, sofort herzhaft mit Ihrer Auferstehung zu beginnen.

Ich möchte mich mit einem indischen Spruch, dessen Weisheit ich erst erkannte, als ich endlich meinen Glücksweg der Bewußtseinsveränderung ging, von Ihnen verabschieden:

> Wer ist blind?
> Der eine andere Welt nicht sehen kann!
> Wer ist stumm?
> Der zur rechten Zeit nichts Liebes sagen kann!
> Wer ist arm?
> Der von heftigem Verlangen nicht lassen kann!
> Wer ist reich?
> Der vom Herzen glücklich sein kann!

Ich wünsche mir, daß mein Buch, das Sie nun zu Ende gelesen haben, vom vielen Benützen bald sehr abgegriffen aussieht, denn wenn Sie es geschafft haben, glücklich zu sein, spürt die ganze Welt Ihr Glück – und damit auch ich.

Literaturhinweise

Araoz, Daniel L.: »Selbsthypnose, Kreative Imagination in Beruf und Alltag«, Econ Verlag, Düsseldorf

Baginski, Bodo J./Shalila Sharamon: »Reiki«, Synthesis Verlag, Essen

Bandler, Richard: »Veränderungen des subjektiven Erlebens«, Junfermann Verlag, Paderborn

Beattie, Melody: »Mut zur Unabhängigkeit«, Heyne Verlag, München

Börner-Kray, B.: »Der geistige Weg zum Überleben«, Peter Erd Verlag, München

Brennan, Barbara Ann: »Lichtarbeit«, Goldmann Verlag, München

Dalai Lama: »Das Auge der Weisheit«, Barth Verlag, Bern

Dethlefsen, Thorwald: »Schicksal als Chance«, Goldmann Verlag, München

Dethlefsen, Thorwald/Rüdiger Dahlke: »Krankheit als Weg«, Goldmann Verlag, München

Diamond, Harvey und Marilyn: »Fit fürs Leben«, Goldmann Verlag, München

Farkas, Viktor: »Verborgene Wirklichkeiten«, Umschau Verlag Breidenstein GmbH, Frankfurt am Main

Frankl, Viktor E.: »...trotzdem Ja zum Leben sagen«, Deutscher Taschenbuch Verlag, München

–: »Der unbewußte Gott«, Kösel-Verlag, München

–: »Der Mensch vor der Frage nach dem Sinn«, Herder Verlag, Freiburg

Fromm, Erich: »Vom Haben zum Sein«, Heyne Verlag, München

Geue, Bernhard: »Wie ich mir das Leben zur Hölle machen kann«, Kreuz Verlag, Zürich

Grof, Stanislav: »Das Abenteuer der Selbstentdeckung«, Rowohlt Taschenbuch Verlag, Reinbek

Haich, Elisabeth: »Einweihung«, Drei Eichen Verlag, Ergolding

Hay, Louise L.: »Heile Deinen Körper«, Heyne Verlag, München

–: »Gesundheit für Körper und Seele«, Heyne Verlag, München

Holbe, Rainer: »Phantastische Phänomene«, Herbig Verlag, München

Kopmeyer, M. R.: »Lebenserfolg«, Droemer-Knaur Verlag, München

–: »Wunscherfüllung«, Droemer-Knaur Verlag, München

Kummer, Peter: »Wunderwerk Unterbewußtsein«, Herbig Verlag, München

–: »Nichts ist unmöglich«, Herbig Verlag, München

Lauster, Peter: »Der Sinn des Lebens«, Econ Taschenbuch Verlag, Düsseldorf

–: »Selbstfindung«, Econ Taschenbuch Verlag, Düsseldorf

Leonis, Jenny: »Gedanken ins neue Zeitalter«, Verlegergemeinschaft Naturheilkunde & Psychologie, Eschborn

Lowen, Alexander: »Bioenergetik«, Rowohlt Verlag, Reinbek

MacLaine, Shirley: »Die Reise nach Innen«, Peter Erd Verlag, München

–: »Zauberspiel«, Peter Erd Verlag, München

Markides, Kyriacos C.: »Der Magus von Strovolos«, Droemer-Knaur Verlag, München

Meckelburg, Ernst: »Zeitschock«, Langen Müller Verlag, München

Murphy, Joseph: »Dein Recht auf Glück«, Herbig Verlag, München

–: »Die Macht Ihres Unterbewußtseins«, Ariston Verlag, Genf

–: »Das Wunder Ihres Geistes«, Ariston Verlag, Genf

–: »ASW: Ihre außersinnliche Kraft«, Ariston Verlag, Genf

–: »Finde Dein höheres Selbst«, Peter Erd Verlag, München

Murphy, Michael: »Der Quanten-Mensch«, Integral. Volker-Magnum Verlag GmbH, Wessobrunn

Peale, Norman Vincent: »Dem Leben vertrauen«, Goldmann Verlag, München

Rauch, Erich: »Auto-Suggestion und Heilung«, PAL Verlag, Mannheim

Robbins, Anthony: »Grenzenlose Energie«, Heyne Verlag, München

Roman, Sanaya: »Sich dem Leben öffnen«, Ansata-Verlag, Interlaken

–: »Zum höheren Selbst erwachen«, Ansata-Verlag, Interlaken

–: »Sich den höheren Energien öffnen«, Ansata-Verlag, Interlaken

Schott, Barbara: »Lust statt Frust«, Junfermann Verlag, Paderborn

Scott, M.: »Der wunderbare Weg«, Goldmann Verlag, München

Silva, José/Burt Goldman: »Die Silva-Mind-Methode«, Heyne Verlag, München

Silva Neto, Silvino Alves da: »Der Eremit«, Walter-Verlag, Düsseldorf

Sorel, Maria: »Silva-Mind-Methode«, Mosaik Verlag, München

Spalding, Baird: »Leben und Lehren der Meister im fernen Osten«, Drei Eichen Verlag, Ergolding

Tepperwein, Kurt: »Die geistigen Gesetze«, Goldmann-Verlag, München

—: »Kraftquelle Mentaltraining«, Goldmann Verlag, München

Walther, George: »Sag, was du meinst, und du bekommst, was du willst«, Econ Verlag, Düsseldorf

Watzlawick, Peter: »Anleitung zum Unglücklichsein«, Piper Verlag, München

Weidelener, Hermann: »Abendländische Meditation«, Goldmann Verlag, München

Wilde, Stuart: »Affirmationen«, Undine Verlag, München

Zimmermann, Werner: »ICH BIN«, Drei Eichen Verlag, Ergolding

Dank

Ich möchte mich bei meinem Leben bedanken! Dafür, wohin es mich bis jetzt gelenkt hat, für alle mir einstmals oft unverständlichen Geschehnisse, die ich nun wertvolle Erfahrungen nenne, und für einige besondere Menschen, an die ich mich an dieser Stelle liebevoll erinnere: An Thomas für seinen Glauben an mich, an Walter für sein Verständnis, an meinen Freund Willi, der mir den Blick für eine andere Welt öffnete, an Elfie, die mich anregte, meine Erfahrungen weiterzugeben, und an meinen Lektor Hermann Hemminger, der »Ja« zu diesem Buch sagte.

Wien, im Januar 1995   *Annemarie Trixner*

Kontaktadresse

Wenn Sie mir schreiben möchten, weil Sie Interesse an neuen Büchern von mir oder an Veranstaltungen haben, freue ich mich und werde Sie gerne informieren.

Meine Anschrift: Annemarie Trixner
Postfach 593
A-3101 St. Pölten

E-Mail: annemarie.trixner-buecher@kstp.at
oder: atrixner.news@kstp.at

Bitte ausschneiden:

Frau

Annemarie Trixner

Roseggerstraße 12

A-3100 St. Pölten

Meine Anschrift:

....
Name

....
Straße

....
PLZ/Ort

Notizen

Notizen

Notizen

Notizen

Notizen

208 Seiten, ISBN 3-7766-2298-9

Monnica Hackl

Deine Glückssymbole

Erfolg mit »westlichem Feng Shui«

*Diese magischen Glückssymbole helfen, Ihrem Alltag
Glück und Freude zu verleihen. Sie wehren Angriffe und
Störungen ab und fördern Heilung und Wohlbefinden.
In über 100 dieser Zeichen der neuen Magie finden Sie
schnell für nahezu alle Situationen des täglichen Lebens
die richtigen Motive, die auf Ihr persönliches Leben
zutreffen.*

Herbig

Besuchen Sie uns im Internet unter www.herbig-verlag.de

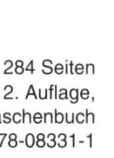